鉱石満載の貨車を牽引して片上を目指す。鉱石
は片上から海路で搬出されるため、片上鉄道で
は多数の無蓋貨車を自社で所有していた。
1984.11.10　河本―天瀬　P：寺田裕一

はじめに

　同和鉱業片上鉄道は、瀬戸内海に面する片上（かたかみ）から山陽本線との接続駅である和気（わけ）を経て、備前矢田（やた）、周匝（すさい）、吉ヶ原（きちがはら）、そして鉱山の町：柵原（やなはら）に至る鉄道であった。

　柵原鉱山で産した硫化鉄鉱は、片上に運ばれたのち海路で岡山港の同和鉱業岡山精錬所に輸送され、硫酸を分離して化学原料や肥料に用いられた。採掘のピークは1966（昭和41）年であったが、私が最初に訪れた1973（昭和48）年当時も硫化鉄鉱の輸送は隆盛を極めていた。最初の訪問では、和気から片上まで乗車した

だけであったが、その1年後に柵原までの往復乗車を果たした。吉井川沿いの美しい眺めを車窓に見ながら着いた柵原では、巨大な鉱石積み込みホッパーの、他のローカル私鉄とは異なるスケールの大きさに感動した。その後も訪問を繰り返したが、ＤＤ13が無蓋貨車37輌を牽引する貨物列車には圧倒された。当時としては珍しく全線自動閉塞式であり、主要駅の有効長は長く、一部でＰＣ枕木が導入されるなど、幹線の風格が漂っていた。

秋の夕方…吉井川に沿い走るキハ300形。国鉄キハ41000形の譲渡車で、ヘッドライトが腰下に移動している他はよく原形を維持していた。
1980.11.3　杖谷─備前塩田

最終日となった1991年6月30日の光景。キハ702＋キハ305＋キハ312の3両編成には満員の乗客が乗っている。

1991.6.30　備前矢田―河本

同じく営業最終日の、こちらは客車列車の光景。編成はDD13 552＋ホハフ2003＋ホハフ2004＋ホハフ3002。

1991.6.30　備前福田―備前塩田

702
しらさぎ

1
2

備前塩田駅での通学風景。待合所の側面板がきれいな曲
線を描いている。写真には写っていないが赤い三角屋根
を持つ駅舎なども含めて、洒落た意匠が各所に見られた。
1986.10.16　備前塩田

トンネルを抜けてやってくるキハ312。　1984.10.28　天瀬─河本

列車から降ろした郵袋をバイクに括りつけている郵便局員。駅が
生活の拠点でもあった時代を物語る。　　　1979.6.14　備前矢田

終点柵原の鉱山風景。ホームは三角状で、キハ703が停車中。
　　　　　　　　　　　　　　　　　　　1979.6.15　柵原

1979（昭和54）年6月には3日間かけて柵原から片上まで歩破したが、この時には鉱石列車が走るのは月に7〜8日程度に縮小されていた。石油コンビナートが公害対策のため排煙の副産物として硫黄を生成するようになって硫化鉄の需要が減少していたのであった。

　片上鉄道では1983（昭和58）年1月からコンテナ輸送を開始して貨物減少に歯止めをかけようとしたが、1987（昭和62）年11月に鉱石輸送がトラック転換されて使命を終えた。同和鉱業は1987（昭和62）年8月に鉄道廃止の方針を地元に伝え、1988（昭和63）年4月から3年間の存続試行期間を経て、3ヶ月間の延命もあって1991（平成3）年7月1日廃止に至った。

　片上鉄道廃線跡の大部分はサイクリングロード「片鉄ロマン街道」として整備され、吉ヶ原駅跡は「柵原ふれあい鉱山公園」となり車輌保存がなされるなど、廃線私鉄の中では恵まれた環境にある。

　片上鉄道の開業から廃線までの68年の歩みをお伝えする。

旅客ホームにキハ3002、機関区に内燃機関車と蒸気機関車の姿。片上鉄道の内燃機関車の本格的導入は1965（昭和40）年10月から始まった。
　　　　　　　　　　　　　　1965.12.10　片上　P：田尻弘行

私が出会う前の片上鉄道

1、日本一の硫化鉄産地であった柵原

■柵原鉱山黎明期

　柵原鉱山は、江戸時代初期、慶長年間に森忠正が津山城築城に際して石材収集中に褐鉄鉱露頭を見つけたのが最初とされ、その後約800年間は焼石と呼ばれ注目を浴びることはなかった。1882（明治15）年になって地元の福田利平が下柵原にて硫化鉄鉱の露頭を発見して試掘を試みたが、当時の硫化鉄鉱の用途は塗料や硫酸鉄の製造に使う程度で需要に乏しかった。1884（明治17）年に下柵原鉱区は岡山県上道郡玉井村の日下部虎治に譲渡されたものの、日下部は1893（明治26）年に吉井川対岸の吉岡村字久木に含銅硫化鉄鉱の露頭を発見し、下柵原鉱区は北和気村の矢吹正誠らに売却した。

　1896（明治29）年に地質学者の巨智部忠承博士が下柵原鉱区付近を踏査したところ、褐鉄鉱露頭が製鉄原料に有望であることを指摘。矢吹正誠らは試掘許可を得て1900（明治33）年から露天掘りを開始した。矢吹らは下柵原鉱区を津山の泉（のちに下山に改姓）豊次郎に請負創業させ、1905（明治38）年に鳩山和夫らに褐鉄鉱山を譲渡。下柵原鉱区を請け負った下山は、期限終了後に矢吹らから買収し、1912（大正元）年には褐鉄鉱山も手に入れ、これらを合わせて柵原鉱山とした。

■藤田組が柵原鉱山を買収

　現在のＤＯＷＡホールディングスのルーツにあたる藤田組は、明治維新から西南戦争に至る政変に合わせて莫大な利益を得て、後に藤田財閥を築いた藤田伝三郎により興されたものである。1884（明治17）年には官設小坂鉱山の払い下げを受けていたが、1899（明治32）年に久原房之助鉱山長(藤田退社後に日立製作所の礎を築く)が小坂鉱山の立て直しに成功、以降鉱山事業に注力した。

　瀬戸内海の小豆島北西に浮かぶ犬島を買収したのは1913（大正2）年で、一大買鉱精錬所を建設した。激しい買鉱合戦を瀬戸内海周辺で展開するようになり、久木付近の鉱区を1915（大正4）年、柵原を1916（大正5）年に買収して諸鉱区一括して柵原鉱山と命名した。鉱帯の大きさを確認するために深鉱に力を注ぎ、1917（大正6）年には安全鉱量が10億貫（約375万ｔ）であることを突き止めた。

　鉱石の輸送には吉井川の川舟が利用され、川尻の九蟠港から海上輸送されるのと和気から鉄道に積み替えられるのと二つのルートがあった。しかし、吉井川には和気の上流約6kmの天瀬付近から下流に農耕用水用の堰が各所にあり、初夏から秋の彼岸頃までは水位が低下して、1年の1／4近くは輸送が止まっていた。

　柵原鉱山の開発が本格化するにあたり、藤田組は小

元国鉄キハ41000形と07形から成る気動車3輌編成。

1979.6.14　美作飯岡－吉ケ原　P：寺田裕一

柵原駅発着ホームの眼前にあった鉱石積込装置。

1985.11.10 柵原 P：寺田裕一

坂鉄道の古レールを利用して天瀬〜和気間の人車軌道敷設を計画し、1919（大正8）年7月着工、1920（大正9）年9月完成に漕ぎ着けた。この方式で取り敢えずは吉井川減水期の輸送は確保したものの、鉱量が増大すると行き詰まりが予想され、別方式も検討されるようになった。柵原〜久木間と久木〜矢田間を12.8kmの索道で結び、矢田〜片上港間20.8kmに鉄道を敷設するもので、この計画が後の片上鉄道の計画に合流していく。

2、片上と三石を結ぶ鉄道として計画
■瀬戸内の良港として栄えた片上

　片上港は天然の良港で、古くから東西交通の要路として栄えた。片上の市街地は、山がちな地形であることから、港を背にして形成された。

　神戸からの山陽鉄道（現JR山陽本線）が姫路に達したのは1888（明治21）年12月23日で、竜野仮、有年、三石仮と部分開業を繰り返した後1891（明治24）年3月18日に岡山まで開業した。山陽道は有年、三石から片上を経て岡山に向かっていたが、山陽鉄道は三石から山寄りの吉永、和気、瀬戸を経由した。山陽鉄道が山陽道から離れて北寄りを選んだ理由はよく分からないが、勾配を10‰未満に抑える姿勢を貫いた結果と推察される。その結果、片上は近代交通の恩恵から取り残されることとなった。

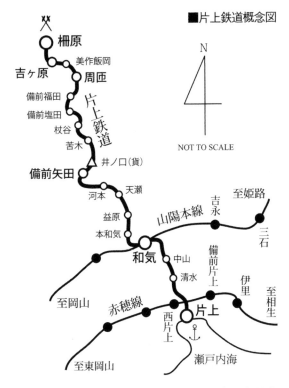

■片上鉄道概念図

N

NOT TO SCALE

　片上と山陽線（1906年12月1日に国有化）和気停車場を結ぶ鉄道は、明治末期に片上の有力者によって打ち出され、設立準備金6000円が町費で賄われたが、実現には至らなかった。

■三石の蝋石を片上に運ぶ鉄道として設立

民営鉄道の建設は、1900（明治33）年10月1日施行の私設鉄道法に依っていたが、1906（明治39）年3月31日公布の鉄道国有法によって17私鉄が国有化されると、一地方の交通を担う鉄道建設には、条件が厳しいものとなった。そこで、地方鉄道の建設を推進するため、もっと簡易な条件の法律を制定する必要があるのではないかという結論に至り、軌間の定めがなく8条の条文しかない軽便鉄道法が1910（明治43）年8月3日に施行。開業から5年間は政府により5％の収益を補償するという軽便鉄道補助法（1912年1月1日施行）の後押しもあって、明治末期から軽便鉄道ブームが起こった。

片上町政に関与していた玉野知義・奥田萬丈・三村忠治らが、片上を起点として鉄道省和気停車場を経て三石町字石山に至る軌間762mmの軽便鉄道敷設を計画したのもこの頃であった。

片上は1877（明治10）年から耐火煉瓦の生産が始まり、その原料は三石で産する蝋石であった。軽便鉄道敷設の目的は、三石で産する蝋石を片上に輸送すること、当時人力車や馬車に頼っていた和気〜片上間の交通の利便を図り、片上港を開発し、片上町の経済的発展へ寄与することであった。軽便鉄道敷設の測量設計は1918（大正7）年には完了していたが、第一次世界大戦（1914〜1918年）下での経済不況が重なり、設立資金集めに難航した。

沿線町村長・素封家を訪ねるなか、若松耐火煉瓦製造所・日本耐火煉瓦を経営する小林秀吉の協力同意を得、町有の山林を売却して会社設立資金2万円を捻出することが町議会で可決された。

■藤田組の出資を得て片上鉄道設立

片上〜和気〜三石間軌間762mm軽便鉄道敷設免許出願は1919（大正8）年3月24日で、7月16日付で片上にて酒造業を営む玉野知義外13名の片上軽便鉄道発起人は、免許を得た。当時、伊里村と山陽本線を結ぶ備前鉄道も計画されていて、競合を考慮した形跡が認可資料に残されている。会社設立にあたって「軽便」の二文字は株式の募集に不利で、1919（大正8）年8月15日に従来の私設鉄道法と軽便鉄道法を統合したかたちで地方鉄道法が施行されたこともあって、1919（大正8）年8月25日開催の発起人総会で社名を片上軽便鉄道から片上鉄道に変更し、9月3日に届け出た。会社設立は11月27日、資本金100万円（額面50円が2万株）で、6,700株を発起人が、5,000株を藤田組が引き受けた。初代社長には、元逓信省官僚（今日でも郵便中興の恩人と呼ばれる）で、1915（大正4）年の退官後に藤田組に転じていた岡山県出身の坂野鉄次郎が就任した。

こうして、鉄道幹線から離れた片上を中心とした地元中心の鉄道構想は、鉱山経営の藤田組の参画を得て、産業色の濃い鉄道に姿を変えていく。

3、片上鉄道開業、そして全通
■最初の開業区間は片上〜和気間

工事事務所は片上に設置され、片上〜三石間免許線は鉄道省との貨車直通を考慮して軌間1067mmへの変更を決定した。免許時の工事施行申請期限は1920（大正9）年7月15日であったが、工事施工認可申請延期と

■線路一覧略図 昭和54年5月21日現在

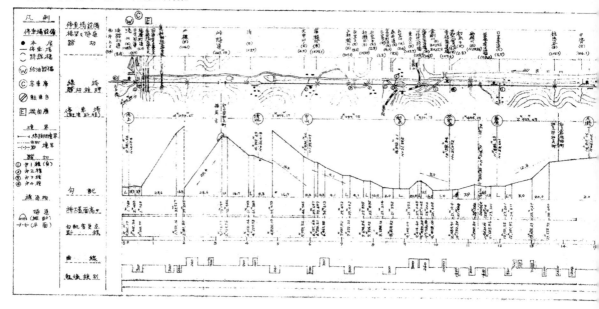

片上〜和気間、和気〜三石間工事分割の認可を、1920（大正9）年7月10日に申請。工事分割施行の理由として、「三石線に対しては目論見当時と今日とは地方の状態異なるものあり。三石原料出荷の現況は近く山陽本線の複線工事成らんか之に頼りて何らの不便を感ぜざるべく、併行私線を設けるの要なきもの。先ず主要線路たる片上〜本荘村（和気停車場所在地）を分割し、これを当期工事として施工し、三石線は第2期工事として延期せんとするものなり」と記している。

施工期限延期は9月16日認可。工事認可は1921（大正10）年6月17日認可で、1921（大正10）年12月16日迄に着手することが求められた。一方、鉄道省和気停車場連絡線設置願は1920（大正9）年11月24日付で神戸鉄道局に提出し、1921（大正10）年6月20日付で承認書が得られた。これらを受けて1921（大正10）年12月25日に片上町の恵美須神社で起工式が挙行され（工事着手届は12月15日）、片上〜和気間建設が着手された。

工事は順調に進み、1922（大正11）年11月末に峠隧道を除いた区間の路盤工事がほぼ完成し、軌条の敷設が始まった。そして12月10日に峠隧道も竣功。12月24日に竣功監査を受け、26日試運転、27日運輸営業開始認可、1923（大正12）年1月1日に開業した。

開業時の車輌は、40tの1C1タンク機、鉄道省払下げの2軸客車2輌、有蓋貨車2輌、無蓋貨車13輌で、開業後間もなく2軸客車2輌、有蓋貨車2輌、無蓋貨車5輌が加わった。地方鉄道としては大型の蒸機、客車に比べて貨車が多いことが、旅客は大してアテにしていなかったことと、貨物への期待度が表れている。開業に間に合わせるべくコッペル製32tの1B1タン

ク機を購入したが組み立て工事が間に合わず、1922（大正11）年12月16日申請、12月20日認可で鉄道省神戸鉄道局の230号機を借り入れ開業日を迎えた。

なお、第2工区である和気〜三石間については1921（大正10）年7月15日が工事施工期限であったことから7月14日付けで2年間の期限延長を申請。しかし12月28日付けで不許可となり、免許を失効した。この区間は鉄道省と並行区間であることが理由と思われるが、会社側に熱意がなかったことも一因かと思われる。一方、和気〜備前矢田〜井ノ口間（和気郡本荘村省線和気駅から和気町を経て山田村大字矢田に至る鉄道）については第1期線開業前の1922（大正11）年3月13日付で鉄道延長敷設免許申請を行い、4月17日に認可となった。申請書の岡山県知事副申には「山陽線跨線橋、金剛川橋梁、天神山隧道を除く外大工事なく、藤田鉱業（株）の経営による南和気村柵原鉱山の鉱石運搬を主とし、一般鉱業不況に拘らず目下盛に採掘せり。基の生産品は現在柵原より和気郡山田村大字岩戸字天瀬まで吉井川の舟を利用し、山陽線和気駅までの間は藤田鉱業（株）に敷設せる人車軌道に依り運搬せり。輸送能力充分ならざるを以て此際一大革新を図り柵原より延長線の終点矢田まで1日輸送能力1千t余の索道を架設し1日300〜500tの運搬せんとする計画」と記されている。第1期線工事中の5月10日付で工事施工認可申請書を提出、7月25日認可で着工した。

■続いて和気〜備前矢田〜井ノ口間が開業

和気〜井ノ口間には、鉄道省山陽線跨線とその前後の築堤、金剛川橋梁架橋、天神山に2つの隧道掘削など

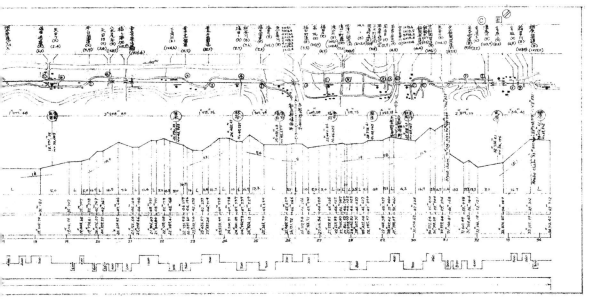

の工事を伴ったが、1923（大正11）年下期、第1期線開業前後にして65％の工事進捗であった。

柵原鉱山を経営する藤田組は、柵原～久木間と久木～矢田間に毎時40ｔ運搬可能な索道を建設し、鉱石を柵原鉱山から矢田に運搬し、そこで片上鉄道に積み替える準備を進めた。

和気～備前矢田～井ノ口間の開業は、第1期線の開業から7ヵ月余の1923（大正12）年8月10日。備前矢田～井ノ口間は当初計画では一般営業であったが、開業1ヵ月前の7月1日に旅客営業廃止願が提出され、7月7日許可、開業時から貨物専業であった。この日から索道連携の鉱石輸送が始まり、1923（大正12）年1月に40ｔ機と元南海の2軸客車3輌が増備され、蒸気機関車は2輌使用・1輌予備となった。蒸気機関車が新造、客車が中古品といったあたりにもこの鉄道の性格が読める。

大正14年度の輸送実績は旅客171,734人・貨物120,245ｔ、旅客運賃40,292円・貨物115,689円で、貨物の好調さが群を抜いている。営業収入は165,739円、支出は119,577円、益金47,162円。建設に対する政府補助金も108,906円受領していて上期・下期とも5％配当を行っている。翌大正15／昭和元年度はさらに貨物が好調で、益金は50,984円、配当は上期・下期とも6％で、昭和元年度末の車輌は蒸気機関車4、客車7、有蓋貨車7、無蓋貨車25輌であった。なお、1926（大正15）年10月27日車輌設計変更申請で、自動連結器取り付けとなった。また、1925（大正14）年11月18日に「勝田郡勝間田町より英田郡林野村、湯郷村を経て当社備前矢田駅に至る」自動車営業兼業認可申請を行った記録がある。

1926（大正15）年8月15日改正の列車運行図表によると、閉塞取扱駅は片上、和気、本和気、備前矢田、井ノ口で、片上～備前矢田間に混合6往復、備前矢田～井ノ口間に貨物3往復が設定されていた。1928（昭和3）年2月10日機関車増備申請（省3308→片上5）の増備理由「主要貨物たる鉱石の託送漸次増加し、一日平均500ｔに上る見込み。現行の列車回数にては輸送困難に付き貨物列車2往復運転の要あり。現在機関車4輌の内3輌使用。さらに増備車1輌を要す」から当時の運用状況を知ることができる。

1927（昭和2）年10月1日から1928（昭和3）年9月30日までの1年間の貨物輸送トン数は次の通りであった。

発＼着	省線	片上	計	（一日）
備前矢田	30,756	149,401	180,157	（594）
井ノ口	559	11,168	11,727	（32）
計	31,315	160,569	191,884	（626）

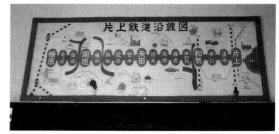

客車列車の車内に掲出されていた路線図。吉ケ原駅跡で見ることができる。
2009.1.1 Ｐ：寺田裕一

■柵原鉱山の好調と柵原延長

大正末期の硫化鉄鉱市況は低調であったが、柵原鉱石は、高品位で採掘コストが安いこと、輸送コストにも競争力があり、需要が集中していた。

この柵原鉱石に目をつけたのが、日本窒素肥料を中核とする日窒コンツエルンを一代で築いた野口遵（1873～1944）であった。野口は1896（明治29）年に帝国大学工科大学電気工学科を卒業、1906（明治39）年に曽木電気を設立して鹿児島県大口に水力発電所を開設、1907（明治40）年に日本カーバイド商会を設立し、熊本県水俣でカーバイド製造を開始。1908（明治41）年に曽木水力と日本カーバイド商会を合併して日本窒素肥料とした。1919（大正8）年に広島に移住して広島電灯（現中国電力）を設立し、1923（大正12）年に延岡でカザレー法によるアンモニア製造を開始（旭化成の源流）。1924（大正13）年に朝鮮半島への進出を決意し、1926（大正15）年に朝鮮水力電気と朝鮮窒素肥料の2社を設立した。

日本窒素肥料・朝鮮窒素肥料の2社と藤田組の間に「柵原硫化鉄鉱長期需給契約」が結ばれたのは1928（昭和3）年4月であった。日本窒素側は硫酸製造に対して柵原鉱を使用して他社鉱を買い入れないほか所定の数量を買い取る、藤田組は1929（昭和4）年1月から2年間は13.5万ｔ、続く18年間は毎年15万ｔを供給する義務を負った。

昭和初期の柵原鉱の需要は年間20万ｔに達し、新たに日本窒素側との新規契約が加わって年間37万ｔ以上となることが確実となった。採掘面での増産体制が整い、輸送力増強が急務となり、柵原～片上間一貫輸送が計画された。

片上鉄道は、1928（昭和3）年12月1日に井ノ口～柵原間延長線（和気郡山田村大字矢田字井ノ口より塩田村、赤磐郡周匝村を経て勝田郡飯岡村大字柵原に至る鉄道）敷設免許申請を行い、岡山県知事の副申には「藤田鉱業経営の柵原鉱山の採掘に係る多量の鉱石輸送は今後益々延長布設が必要。省線姫津線開通の暁は当然英田郡林野町付近迄さらに延長の上之と連絡せざるべかざるものなれば今回の延長はその前提とも見るべ

く、成業の見込充分なるものと認む」

と記された。認可は1929（昭和4）年2月14日、2月22日工事施工認可申請、3月29日認可と、猛烈なスピードで、9月2日着手届で着工した。計画では停車場は備前塩田、周匝、備前飯岡、吉ヶ原、柵原、停留場は苦木、備前福田。飯岡に関しては1930（昭和5）年12月12日届で美作飯岡に変更。井ノ口は昭和3年度の発着トン数が656tにまで減少し、1930（昭和5）年12月19日申請、1931（昭和6）年1月16日許可、1931（昭和6）年2月1日実施で廃止がなされた。

延長区間は吉井川本流を2度渡る難工事であったが、工期は2年足らずで1931（昭和6）年1月20日竣功、1月30日認可で2月1日に開業。こうして片上～柵原

間33.8kmが全通した。

なお、柵原延長に備え、片上鉄道は1929（昭和4）年9月に資本金を100万円から200万円に増資している。この増資は藤田組が資金を拠出し、これによって片上の素封家らによって発足した会社は、柵原鉱山率いる藤田組資本の会社に姿を変えた。

柵原全通時点で貨物主体の路線であることがより鮮明になるが、ガソリンカー2輌を導入してフリークエンシーアップも実施している。

4、戦後復興にC11を導入

■昭和19年度の貨物輸送量は私鉄10位

柵原全通後の昭和7年度の貨物輸送量は、鉱石291,492t、一般車扱38,538t。鉱石輸送は昭和8年度32.9万t、昭和9年度38.0万tで、昭和10年度に40万tを超えた。戦前・戦中の鉱石輸送のピークは昭和11年度の478,845tで、昭和10年度から17年度まで40万t超えであった。一般車扱貨物は、1937（昭和12）年7月7日の盧溝橋事件に端を発した日中戦争以来増加し、昭和12年度の38,351tが昭和13年度6.2万t、昭和14年度9.2万t、昭和15年度に12万tを超え、昭和18年度21.1万t、昭和19年度に26万tに達した。鉱石と一般貨物を合わせた貨物輸送の戦前・戦中のピークは昭和19年度の62.2万tであった。昭和19年度で片上鉄道より貨物輸送量が多かった私鉄は、東武鉄道494.3万t、名古

■貨物営業キロ程表

貨物営業粁程表　　昭和鉱業株式会社 片上鐵道線

驛名	和氣	本和氣	磐梨	河本	備前矢田	備前塩田	備前福田	周匝	美作飯岡	吉ヶ原	柵原
片上	52	61	70	98	110	153	164	171	178	195	203
和氣		9	18	47	59	102	112	120	126	144	152
本和氣			9	38	50	93	103	111	117	135	143
磐梨				29	41	84	94	102	108	126	134
河本					12	56	66	74	80	98	105
備前矢田						44	54	62	68	86	93
備前塩田							11	18	25	42	50
備前福田								8	15	32	40
周匝									7	24	32
美作飯岡										18	26
吉ヶ原											8
柵原											

停留場であった河本が貨物取扱駅であったのは注目される。

三角屋根の柵原駅舎前ホームにキハ3002が停車し、鉱石積み込み線に無蓋貨車が休む。　　　　　　　　　　　　1965.12.10　柵原　P：田尻弘行

13

C11-101。1962年当時の客貨車牽引は蒸気機関車の天下であった。

1962.8.10 片上 P：髙井薫平

屋鉄道493.9万ｔ、近畿日本鉄道334.4万ｔ、美唄鉄道182.5万ｔ、住友鉱業（別子）114.8万ｔ、秩父鉄道103.9万ｔ、夕張鉄道88.8万ｔ、相模鉄道83.5万ｔ、三菱鉱業（大夕張）83.2万ｔの９社だけで、貨物輸送量では国内10位の規模であった。

旅客輸送人員は、昭和５年度18.3万人が、柵原延長後の昭和６年度23.7万人、昭和11年度32.1万人で、車扱貨物と同じく昭和12年度以降に急増し、昭和13年度51.4万人、昭和16年度80.5万人、昭和18年度102.7万人、昭和19年度124.3万人であった。

蒸気機関車は1935（昭和10）年末時点で９輛となり、1944（昭和19）年３月に国鉄Ｃ12と同形の10（のちのＣ12-201）が加わった。ガソリンカーは1931（昭和６）年と1936（昭和11）年に各１輛が加わって４輛に、７輛であった客車も1937（昭和12）年と1939（昭和14）年に４輛が加わって11輛、貨車も小刻みに増備が続いて昭和16年度末は有蓋12・無蓋110輛であった。

昭和16年度の列車走行距離は混合24.5万km（片上～柵原10往復に相当）、貨物10.0万km（同４往復）で、記録上旅客列車はない。車輛走行距離はガソリンカー60,848km（同２往復強）、客車422,530km、貨物列車連結貨車1,379,966km、混合列車連結貨車2,069,950kmで、貨物列車は平均14輛編成と算出できる。もっとも、ガソリンカーの走行距離からして旅客列車がゼロとは考えづらく、混合で記録されているうちの２～３往復程度はガソリンカーによる旅客列車であったと思われる。

1944（昭和19）年４月改正列車運行図表によると、混合５・旅客２・貨物10往復の設定であった。

■貨物輸送数量表　その１

単位：t

年度	鉱石	国鉄線一般車扱	合計	累計
昭7	291,492	38,538	330,030	330,033
昭8	329,486	41,303	370,789	700,819
昭9	380,271	41,360	421,631	1,122,450
昭10	419,533	39,366	458,899	1,581,349
昭11	478,845	37,577	516,422	2,097,771
昭12	474,228	38,351	512,579	2,610,350
昭13	468,865	62,734	531,599	3,141,949
昭14	438,524	92,100	530,624	3,672,573
昭15	415,694	124,455	540,149	4,212,722
昭16	413,557	126,909	540,466	4,753,188
昭17	420,393	164,867	585,260	5,338,448
昭18	380,939	211,530	592,469	5,930,917
昭19	361,776	260,631	622,407	6,553,324
昭20	102,050	153,140	255,190	6,808,514
昭21	242,802	110,536	353,338	7,161,852
昭22	288,985	141,919	430,904	7,592,756
昭23	325,426	194,509	519,935	8,112,691
昭24	374,374	134,488	508,862	8,621,553
昭25	418,889	127,951	546,840	9,168,393
昭26	446,897	229,520	676,417	9,844,810
昭27	484,291	145,509	629,800	10,474,610
昭28	514,793	163,262	678,055	11,152,665
昭29	561,078	134,828	695,906	11,848,571
昭30	578,740	162,087	740,827	12,589,398
昭31	632,519	199,346	831,865	13,421,263
昭32	659,612	224,711	884,323	14,305,586
計	10,904,059	3,401,527	14,305,586	

■戦後混乱期は200万人の旅客を輸送

戦時中は柵原鉱山が軍需会社の指定を受け、増産体制が国家命題となった。片上鉄道では、燃料事情が悪化するなか、ガソリンカーが走行不能となり、蒸気機関車が大活躍した。戦時輸送体制が強いられて営業費が増大したが、1944（昭和19）年上期、1945（昭和20）年上・下期に政府補助金を受けれたのは鉱山が軍需会社指定された賜物であった。労働力の不足などから昭和20年度の鉱石輸送は10.2万tに落ち込み、旅客は燃料不足から自動車交通が麻痺したこともあって154.0万人、昭和21年度は207.8万人を記録した。なお、終戦直後の1945（昭和20）年9月に吉井川の氾濫によって第一吉井川橋梁と第二吉井川橋梁が流され、備前塩田〜柵原間が5か月不通となった。

柵原鉱山は昭和21年度から増産となり、昭和21年度鉱石輸送は24.2万t、昭和22年度28.9万tとなり、一般車扱を加えた貨物輸送量は昭和23年度から50万tを超えた。1947（昭和22）〜1950（昭和25）年に国鉄C11と同型機3輌を新造、C12形1輌を増備、C13形2輌を譲り受けて、私鉄としては大型の蒸気機関車7輌を擁する産業色の強い鉄道となった。内燃動車の走行は昭和25年度からで、1950（昭和25）年11月22日付けで国鉄41000形2輌の払下げを受け、キハ3001・3002（後のキハ301・302）とした。

戦時中の酷使で損傷した諸施設の復旧には巨額の資本を必要とし、1949（昭和24）年3月に資本金を200万円から1,000万円に増資。1950（昭和25）年6月には資本金を5,000万円に増資のうえ藤田興業と合併、藤田興業片上鉄道と称した。正式な部署名は藤田興業片上鉄道海運事務所で、鉄道・自動車・海運事業を管轄した。こうして、片上鉄道は大手企業の一事業部門となり、そのことは安定した経営の礎でもあった。

■藤田組の変遷

合名会社藤田組は、1917（大正6）年10月に鉱山部門を藤田鉱業として分離し、持ち株会社化した。準戦時体制下に入ると重複部門を合理化すべく合名会社藤田組と藤田鉱業は1937（昭和12）年3月11日に合併して株式会社藤田組となった。

戦時下の国策で、国内銅の増産を強行すべく、国策会社である帝国鉱発と東北振興が藤田組に資本参加し、国家的要請と称して藤田家所有の藤田組株を帝国鉱発

■貨物輸送数量表　その2

単位：t

年度	自社線			国鉄線				合　計	累　計
	鉱　石	肥　料	計	鉱　石	一般車扱	コンテナ	計		
昭33	367,123		367,123	215,612	125,253		340,865	707,988	15,013,574
昭34	404,020		404,020	214,939	154,581		369,520	773,540	15,787,114
昭35	424,116		424,116	208,893	150,929		359,822	783,938	16,571,052
昭36	501,904		501,904	171,328	185,449		356,777	858,681	17,429,733
昭37	502,508		502,508	131,768	121,747		253,515	756,023	18,185,756
昭38	569,701		569,701	100,535	113,124		213,659	783,360	18,969,116
昭39	664,837		664,837	116,256	108,072		224,328	889,165	19,858,281
昭40	697,924		697,924	116,852	104,232		221,084	919,008	20,777,289
昭41	729,022		729,022	126,345	77,087		203,432	932,454	21,709,743
昭42	656,901		656,901	119,921	76,068		195,989	852,890	22,562,633
昭43	640,476		640,476	118,731	55,323		174,054	814,530	23,377,163
昭44	674,587		674,587	102,315	56,690		159,005	833,592	24,210,755
昭45	683,773		683,773	73,768	102,964		176,732	860,505	25,071,260
昭46	566,679		566,679	67,222	153,721		220,943	787,622	25,858,882
昭47	325,993		325,993	43,341	159,216		202,557	528,550	26,387,432
昭48	334,918		334,918	25,843	223,464		249,307	584,225	26,971,657
昭49	400,064		400,064	7,658	270,893		278,551	678,615	27,650,272
昭50	294,249		294,249	663	244,387		245,050	539,299	28,189,571
昭51	181,365		181,365	973	216,233		217,206	398,571	28,588,142
昭52	126,949		126,949	1,761	159,841		161,602	288,551	28,876,693
昭53	93,262		93,262	6,486	142,508		148,994	242,256	29,118,949
昭54	117,769		117,769	8,222	156,034		164,256	282,025	29,400,974
昭55	109,308		109,308	12,430	133,956		146,386	255,694	29,656,668
昭56	108,892		108,892	14,380	95,656		110,036	218,928	29,875,596
昭57	97,194		97,194	9,970	76,030	2,130	88,130	185,324	30,060,920
昭58	95,026		95,026	10,962	60,959	17,310	89,231	184,257	30,245,177
昭59	113,046	3,218	116,264	10,585	51,059	26,945	88,589	204,853	30,450,030
昭60	100,672	3,642	104,314	7,391	20,723	29,160	57,274	161,588	30,611,618
合計	10,582,278	6,860	10,589,138	2,045,150	3,596,199	75,545	5,716,894	16,306,032	

に名義書き換えを行ない、藤田組は実質国有化されていく。1945（昭和20）年12月、藤田組から事業の一部が藤田鉱業（2代目）として分離され、藤田組は同和鉱業に社名を変更した。藤田鉱業（2代目）は1948（昭和23）年8月、鉱山部門を藤田鉱山に分離すると不動産経営と観光事業が主体となり、1948（昭和23）年8月に藤田興業に社名を変更した。

片上鉄道を合併した藤田興業からは1955（昭和30）年11月7日に観光部門が藤田観光として分離独立し、1957（昭和32）年8月1日に藤田興業は同和鉱業と合併。藤田興業片上鉄道は同和鉱業片上鉄道に名を変え、以降、鉄道廃線まで名は変わらなかった。

合併時点での在籍車輌は蒸機7・内燃動車5・付随客車12・有蓋貨車12・無蓋貨車146・有蓋緩急車7輌。バスは片上〜和気・田原間の一般乗合13.3km2輌、貸切2輌と記載されていて、バス事業は極めて小規模の営業であったことが分かる。

■旅客輸送量の推移

大11	25
大12	151
大13	179
大14	172
大15	165
昭2	147
昭3	159
昭4	162
昭5	183
昭6	237
昭7	243
昭8	266
昭9	275
昭10	315
昭11	321
昭12	380
昭13	514
昭14	624
昭15	761

単位：千人

■輸送量および収入の推移

鉄道統計年報・地方鉄道軌道統計年報・私鉄統計年報・民鉄統計年報・鉄道統計年報より作成

年度	定期旅客（千人）通勤	定期旅客（千人）通学	定期外旅客（千人）	旅客計（千人）	荷物（千個）	貨物（屯）小口扱※1	貨物（屯）車扱	貨物（屯）計※2	輸送密度（人km日）	営業収入（千円）旅客	営業収入（千円）荷物	営業収入（千円）郵便物	営業収入（千円）貨物	営業収入（千円）運輸雑収※3	営業収入（千円）計	営業費（千円）	営業損益（千円）
昭16				805	579t	4,815	535,302	540,466	687	142	9	1	756	4			
昭17				801				585,260									
昭18				1,027				592,469									
昭19				1,244	79t	2,092	620,315	622,407	1,075	259	11	1	746	4	1,243	991	252
昭20				1,541	112t	1,037	254,207	255,244	1,393	466	24	3	394	11	1,139	1,698	△559
昭21				2,078	187t	2,348	351,990	354,338	1,892	631	45	11	950	15	1,687	1,547	140
昭22				1,944	311t	2,662	428,242	430,904	1,771	7,206	199	63	25,519	16		※4	※4
昭23				1,468	288t	2,184	517,751	538,935	1,296	14,608	642	229	105,771	402	150,829	151,878	△1,049
昭24	558		549	1,107	216t	2,675	506,187	508,862	939	16,992	1,092	486	133,001	682	170,909	161,324	9,584
昭25	469		605	1,075	265t	1,997	544,843	546,840	910	18,202	993	481	166,112	11,378	197,168	160,907	36,261
昭26	572		648	1,220	345t	2,150	674,262	676,412	971	20,362	1,173	197	227,409	4,735	253,876	242,642	11,234
昭27	685		640	1,326	383t	2,368	627,489	629,857	1,041	23,992	1,421	233	243,196	9,672	278,414	254,788	23,581
昭28	784		674	1,458	341t	2,173	675,882	678,055	1,149	26,171	1,353	233	284,574	4,928	317,260	271,802	45,458
昭29	927		691	1,619	410t	2,230	693,906	695,906	1,256	27,700	1,596	233	299,527	5,099	334,155	257,388	76,767
昭30	992		704	1,696	419t	2,182	738,645	740,827	1,321	28,828	1,674	232	318,613	5,459	354,806	246,264	108,542
昭31	1096		725	1,821	456t	2,227	829,638	831,865	1,422	30,596	1,790	232	349,866	6,024	388,508	257,780	130,729
昭32	730	480	727	1,937	41	1,859	882,464	884,323	1,517	32,816	2,028	232	413,728	7,095	455,899	310,203	145,696
昭33	712	554	721	1,987	39	1,136	706,852	707,988	1,543	32,891	1,744	233	358,200	6,674	399,742	242,721	157,021
昭34	816	565	786	2,167	45	1,104	772,436	773,540	1,701	35,851	1,991	233	384,222	7,783	430,080	268,653	161,426
昭35	951	596	775	2,322	47	1,009	782,929	783,938	1,829	38,404	1,855	252	402,796	7,012	450,319	287,909	162,410
昭36	1,069	591	765	2,425	30	816	857,865	858,681	1,983	41,016	2,315	292	434,864	5,880	484,367	299,446	184,921
昭37	1,026	626	750	2,401	44	729	755,294	756,023	1,962	40,815	1,800	285	402,434	3,951	449,285	291,077	157,482
昭38	1,010	674	722	2,408	45	603	782,757	783,360	1,958	39,369	1,868	272	427,021	3,445	471,975	299,548	172,425
昭39	998	763	706	2,467	49	629	888,536	889,165	2,027	40,038	2,179	269	490,842	3,191	536,519	337,115	199,403
昭40	978	744	692	2,414	49	415	918,593	919,000	2,026	39,754	1,846	259	511,279	3,092	556,232	380,436	175,794
昭41	1,009	734	665	2,409	43	207	932,247	932,454	2,052	39,792	2,620	340	591,805	3,442	637,999	405,578	232,421
昭42	998	705	666	2,369	45	152	852,738	852,890	2,047	39,990	2,689	373	555,295	3,435	601,782	429,322	172,458
昭43	912	720	637	2,269	46	85	814,445	814,530	1,959	39,156	3,015	380	537,087	2,588	582,226	455,223	127,005
昭44	842	637	579	2,058	40	66	833,526	833,592	1,792	46,977	2,875	382	557,014	1,901	609,149	523,584	85,566
昭45	799	617	600	2,016	38	76	860,430	860,506	1,798	48,234	2,810	444	560,954	6,845	619,287	595,812	23,475
昭46	719	624	497	1,840	41	17	787,605	787,622	1,630	54,286	3,139	529	493,075	9,738	560,767	576,481	△16,919
昭47	604	597	427	1,628	38	—	528,550	528,550	1,266	50,714	3,247	554	317,146	9,711	381,372	462,959	△81,588
昭48	419	644	344	1,407	35	—	584,225	584,225	923	58,083	3,431	608	338,639	8,737	409,496	400,135	9,361
昭49	454	532	305	1,291	34	—	678,615	678,615	1,142	66,756	3,286	662	448,742	10,780	530,226	505,677	24,549
昭50	378	450	267	1,095	29	—	539,299	539,299	962	84,168	3,439	662	386,138	16,422	490,829	474,638	16,191
昭51	339	418	244	1,001	23	—	398,572	398,572	880	87,946	4,060	662	316,361	14,639	423,668	478,790	△54,302
昭52	279	355	230	865	23	—	288,551	288,551	757	79,257	4,080	819	309,398	18,713	412,268	472,391	△60,123
昭53	237	315	226	779	—	—	242,256	242,256	683	92,814	4,009	951	262,755	18,297	378,830	471,011	△92,181
昭54	226	314	221	762	20	—	282,025	282,025	668	106,116	4,137	951	344,801	26,459	482,466	512,874	△30,408
昭55	215	333	212	762	18	—	255,694	255,694	667	106,948	3,543	931	370,515	33,087	515,046	525,454	△10,408
昭56	177	324	211	713	14	—	218,928	218,928	625	98,364	3,547	931	361,201	42,513	506,706	551,341	△44,765
昭57	148	300	196	645	10	2,130	183,194	185,324	566	102,626	1,757	1,258	332,028	47,372	485,042	537,473	△52,431
昭58	127	271	192	591	7	17,310	166,947	184,257	518	98,035	1,190	1,303	328,477	44,865	473,871	549,754	△75,882
昭59	109	292	159	559	3	26,945	177,908	204,853	490	106,010	474	—	401,446	51,350	559,281	587,664	△28,383
昭60	97	310	152	559	—	29,160	132,428	161,588	490	108,395	100	—	348,337	48,000	504,832	569,934	△65,102
昭61	79	324	146	549	—	23,917	96,662	120,579	481	117,506	92	—	271,838	36,420	425,856	484,336	△58,480
昭62	64	311	137	512	1	21,225	34,372	55,597	447	115,988	70	—	113,438	36,363	245,859	367,028	△121,170
昭63	53	303	144	500	—	15	800	815	438	115,969	37	—	6,290	7,277	129,572	342,800	△213,227
平元	49	363	132	544	—	—	—	—	469	132,704	43	—	—	5,709	138,456	350,804	△212,347
平2	44	321	148	513	—	—	—	—	461	134,370	29	—	—	8,990	143,389	334,613	△191,224

※1：昭和57年度以降はコンテナの数値　※2：昭和16年度は宅扱319tを含む　※3：昭和24年度までは通行税　※4：特別経理会社と記載され、金額記載なし

5、動力近代化を達成

■昭和31年度末の鉄道従業員は383人

1950（昭和25）年10月1日改正の列車運行図表によると、閉塞取扱駅が片上、清水、和気、本和気、天瀬、備前矢田、苦木、備前塩田、備前福田、周匝、美作飯岡、吉ヶ原、柵原の13駅。停留場が中山、益原、河本、杖谷の4駅。運転時間は吉ヶ原5時10分発から吉ヶ原20時33分着までで、全列車が片上～柵原（一部吉ヶ原）間の運転で、旅客（気動車）2・混合7・貨物1の計10往復。キハ3001・3002は1950（昭和25）年11月22日譲受使用認可であったが、この時点で使用されていたと思われる。車輌停泊は片上3個列車（混合2・貨物1）、吉ヶ原3個列車（混合2・旅客1）。昭和25年度末在籍車輌は、蒸気機関車13・気動車4（実際に稼働できたのは2）・客車23・有蓋貨車16・無蓋貨車131の計187輌。閉塞方式はタブレット閉塞式で、閉塞取扱駅では初発から終着まで閉塞取扱社員の配置が必須で、駅・機関士等の乗務員・車掌・機関区など運輸部門の社員は227人、保線部門62人、事務所46人の計335人と一大事業所であった。

昭和25年度の運輸実績は旅客107.5万人、貨物546,840（鉱石418,889・一般車扱127,951）t。営業収入は旅客

■車輌数および従業員数の推移

鉄道統計年報・地方鉄道軌道統計年報・私鉄統計年報・民鉄統計年報・鉄道統計年報より作成

年度	年度末車輌数（輌） 機関車 蒸気	機関車 内燃	気動車	客車	貨車 有蓋	貨車 無蓋	その他	計	鉄道従業員（人） 本社	駅	運転士	車掌	土木	電気	車輌	計	列車走行距離（千キロ） 旅客	貨物	混合	計
昭16	9		4	11	12	110		146	17		166	38				221		100	245	345
昭17																				
昭18																				
昭19																		152	114	266
昭20																		27	134	161
昭21	10		1	13	12	107		143	37		187	47				271				
昭22	8		—	17	16	127	1	168										98	98	196
昭23	8		3	15	16	127		167	39		215	54				308		21	173	195
昭24	11		4	22	16	131		184	37		217	54				308		22	179	202
昭25	13		4	23	16	131		187	46		227	62				335		13	178	191
昭26	9		4	19	16	137	1	186	41		255	68				364	53	30	182	266
昭27	9		5	14	20	139		187	38		110	76			115	339	55	32	173	261
昭28	8		6	15	20	139		188	47		109	79			119	354	137	66	114	317
昭29	8		6	12	20	139		185	46		114	80			126	366	176	79	98	353
昭30	7		5	12	20	145		189	43		333					376	177	86	98	361
昭31	7		5	12	19	146		189	48		335					383	173	90	98	361
昭32	7		5	12	19	155		198	32		192	58		6	50	338	215	94	98	407
昭33	7		5	12	19	155		198	45		209	76	5		22	357	216	74	97	388
昭34	7	1	6	12	18	157		201	44		210	74	6		22	356	328	100	40	468
昭35	7	1	6	11	19	153		197	46		212	77	6		22	363	317	102	40	459
昭36	7	1	6	10	19	157		200	40		209	69	7		22	347	313	119	38	470
昭37	7	—	6	10	19	155		197	33		207	55	6		20	321	306	105	54	465
昭38	7	—	6	10	17	155		195	32		167	50	6		33	287	281	103	58	442
昭39	7		6	12	17	165	2	209	22		157	47	1		31	258	267	106	58	431
昭40	7	2	6	12	16	162	4	208	20		152	46	1		34	253	280	112	41	433
昭41	4	2	6	8	14	155	4	193	21		138	45	1		47	252				
昭42	2	4	9	5	5	148	4	181	21		135	45	1		46	246	298	112	21	431
昭43	—	5	9	5	6	148	—	173	25		129	43	6		45	248	299	109	12	420
昭44	—	5	9	5	1	145	—	165	27		129	43	6		45	248	288	108	12	408
昭45	—	5	9	5	1	142	4	166	22		129	38	6		39	234	284	105	12	401
昭46	—	5	9	5	1	143	4	167	18		129	35	6		35	223	288	91	13	392
昭47	—	5	8	4	3	134	—	154	11		52	3	1		—	67	230	59	19	308
昭48	—	5	7	4	3	134		153	11		59	3	2			75	200	60	23	283
昭49	—	5	7	4	3	134		153	10		62	3	2			77				
昭50	—	5	7	4	5	134		155	8		61	3	1			73	198	52	24	274
昭51	—	5	7	4	5	134		155	8		61	3	1			73	197	40	24	261
昭52	—	5	7	4	5	116		137	16		49	3	2			70	206	31	24	262
昭53	—	4	7	4	5	116		136	15		49	3	2			69	222	26	24	273
昭54	—	4	7	4	5	116		136	15		46	2	2			66	223	29	24	277
昭55	—	4	6	6	4	116		136	17		47	2	2			68	221	28	24	273
昭56	—	4	5	6	4	116		136	17		46	2	2			67	206	24	24	254
昭57	—	4	5	6	5	116		136	15		45	2	2			65	205	22	24	251
昭58	—	4	6	6	4	115		135	15		47	2	2			66	205	22	25	252
昭59	—	4	5	6	4	115		134	14		43	2	2			61	203	24	28	255
昭60	—	4	5	6	13	115		143	14		41	2	2			59	179	20	48	248
昭61	—	4	5	6	13	115		143	12		24			1		37	179	14	44	237
昭62	—	3	5	5	12	20		45	9	9	8				1	27	184	4	44	232
昭63	—	2	5	5	4	12		28	6	8	7					21	202		24	226
平元	—	2	5	5	4	12		28	6	8	7					21	202		24	226
平2	—	2	5	5	4	12		28	5	7	5					17	198		24	222

無蓋貨車の昭47～58年度はホッパ車1輌を含む。

1,820万円、貨物1億6,611万円、運輸雑収等を合わせて1億9,716万円、営業費は1億6,090万円で、営業利益は3,626万円を計上した。

昭和26年度から30年度にかけての輸送実績は、旅客が122万人〜170万人、貨物が63万t〜74万t、営業利益が1,123万円〜1億854万円であった。気動車は1952（昭和27）年10月25日認可でキハ3003（後の303）を増備し、気動車列車と貨物列車は7往復と4往復に増え、混合列車は4往復となった。閉塞取扱駅に変化はなく、

鉄道従業員数も年々増加し、昭和31年度末は383人に達した。この年度の貨物輸送実績は前年度より9.1万t増加して83.1万tを達成した。

■昭和30年代は片上鉄道の絶頂期

昭和30年度の片上鉄道は、絶頂期を迎えていた。貨物輸送量は年間70万t台か80万t台。昭和36年度は858,681tで、内訳は鉱石が673,232t（自線内＝片上から船積みが501,904t、和気から国鉄連絡が171,328t）、国鉄連絡一般貨物が185,449tで、1,000t以上の品目だけで石炭、セメント、石灰石、木材、肥料、機械工業品、化学薬品、石油類と幅広い。旅客輸送は、昭和37年度が前年度を下回ったものの、それ以外の年度は増加し、昭和39年度は246.7万人（1日平均6,759人）、輸送密度2,027人／km日を記録した。定期旅客数値が統計上通勤と通学に区分されるのは昭和32年度からで、通勤定期客が通学定期客を上回り、自動車交通が発達する前の鉄道が陸上交通の王者であった様がうかがえる。営業利益は毎年度1億円を超え、昭和39年度は1億9,940万円に達した。

列車の運行は、気動車による旅客列車が12往復、機関車牽引の貨物列車が5往復、混合列車2往復であったのが、列車走行距離から類推できる。気動車は国鉄キハ41000形払下げ車が4輌、自社発注車が2輌で、定員100人超の、地方鉄道としては大型車を揃えていた。昭和39年度の旅客は、旅客と混合を合わせた旅客取扱列車14往復で割ると一列車あたり241人平均となり、機関車牽引の客車列車が必要であったことが読み取れる。貨物列車は鉱石専用で、一般貨物は混合列車で運んだ。牽引機は、C11-101〜103、C12-201・202、C13-50・51の7輌で、鉱石輸送主体の地方鉄道としては路線長が長く、多くの機関車を必要とした。1959（昭和34）年7月からは新三菱重工三原工場製の45t機DD451の

和気駅では山陽本線連絡の関係もあって、長時分停車した。
1980.11.3　和気　P：寺田裕一

■車扱貨物取扱高推移表

単位：t

年度	石炭	セメント	砂利	石灰石	鉄鉱	木材	肥料	石灰類	機械工業品	米	化学薬品	石油類	麦	銑鉄金属	石及び石材	パルプ及び紙	コークス	野菜	坑木	窯業品	その他	合計
昭和32	3,227	8,770		13,441	681,892	2,994	1,908	1,437	2,442	387	2,000	807		1,884	195		273	40			160,767	882,464
昭和33	1,754	7,943		14,802	596,186	1,008	1,784	3,851	2,315	15	1,697	600	180				22				74,695	706,852
昭和34	2,268	7,813		9,517	639,889	2,341	2,495	1,879	2,372	55	2,617	705	125	89	30		202	14			100,025	772,436
昭和35	1,979	6,180		8,397	652,981	2,291	2,933	1,645	2,565	7	2,501	895	190	10	184		259				99,849	782,929
昭和36	2,086	8,308	35	10,623	696,055	2,913	3,332	36	1,884	169	2,424	1,245	130		10		86				128,204	857,865
昭和37	1,425	8,636		6,217	644,290	1,883	2,377	140	1,148		1,869	1,480	20	3,402			93				82,314	755,294
昭和38	1,225	8,442		6,482	670,236	1,587	1,784		1,158		2,157	1,630					36				87,820	782,757
昭和39	705	8,561	10	4,058	781,123	1,397	1,720		590	90	1,084	1,872		421			13				86,597	888,536
昭和40	683	7,284		4,107	814,893	1,132	1,319		414	672	255	1,585		20			500				85,730	918,593
昭和41	312	6,765		134	855,390	1,170	1,554	273	103		97	1,740		27							64,682	932,247
昭和42	168	3,085	1,125		776,833	755	2,083	74	339	22	560	1,125									66,571	852,738
昭和43	27	1,803			759,239	316	1,714	106	365	386	503	815	71								49,100	814,445
昭和46		1,098	64	43,654	647,031		4,375		365		266	768		233			22			87,383	804	786,063

試用を開始したが、正式購入には至らなかった。北海道の運炭鉄道をはじめ、非電化、鉱石輸送主体の鉄道では、旅客動力が内燃主体、貨物動力が蒸気というのは、一般的な形態であった。

　毎年多額の利益を上げていたが、1957（昭和32）年8月に同和鉱業の一事業所となったことが影響したのか1962（昭和37）年10月には第1次の企業合理化を実施し、65名を削減している。

■動力と保安方法の近代化を達成

　ＤＤ451の試用は2年間に及んだが、成果は芳しくなく、本格的な動力近代化は国鉄で使用実績のあるＤＤ13形をベースとすることを決めた。国鉄ＤＤ13形は入換と短区間の運転を前提としていることから運転台は横型1か所で、これを前後2ヶ所とし、勾配区間での重量貨物牽引の必要性から機関を過給機とインタークーラ付600ps×2とした。この片上版DD13とも言える日本車輌製のＤＤ13-551・552は1965（昭和40）年9月16日に竣功した。その性能は片上鉄道にとって納得できるもので、1967（昭和42）年10月にＤＤ13-553・555、1968（昭和43）年9月にＤＤ13-556を増備し、5輌の内燃機関車が揃った時点で蒸気機関車は全面的に使用を停止した。

周匝では委託駅員が乗車券の販売を行っていた。
1979.6.14　周匝　P：寺田裕一

　内燃動車は1967（昭和42）年10月に国鉄キハ07形3輌を譲り受け、それに前後して在来車6輌を総括制御可能に改造し、1969（昭和44）年には9輌の総括制御可能車が揃った。

　一方、貨物輸送量は昭和41年度の932,454 tがピークで、以降は減少に転じた。昭和45年度までは年間80万t台を維持したが、昭和47・48年度は50万t台に落ち込み、オイルショック後の49年度は67.8万tに回復したものの50年度53.9万t、51年度以降は40万tを割り込んだ。この最大の要因は硫化鉄鉱の需要減退であった。昭和40年代に入って硫黄含有量の高い輸入原油の使用が深刻な大気汚染を引き起こし、原油の精製過程で硫黄回収が義務付けられるようになった。これによって安価な再生硫黄が大量に出回るようになり、コストをかけて天然硫黄を産出したり、硫化鉄から硫黄を生産する必要がなくなった。天然硫黄の鉱山を経営していた岩手県の松尾鉱業は1968（昭和43）年12月に会社更生法を申請して倒産に至り、片上鉄道の鉱石輸送量は昭和50年度に30万tを割った。一般車扱は1973（昭和48）年10月から耐火煉瓦専用列車を片上～和気間で運転を行ったこともあって昭和48年度に22.3万tとなった。しかし、一般車扱も昭和49年度の270,893 tがピークで、以降は減少に転じる。

　旅客は昭和45年度まで年間200万人台を維持したが、昭和48年度に通勤定期客が通学定期客を下回り、昭和46～48年度は前年から20万人以上の減少を繰り返した。営業利益のピークは昭和41年度の2億3242万円で、貨物輸送量の減少に比例して減益を続け、昭和46年度に赤字に陥った。

　保安方式が通票閉塞式のままでは、列車行き違い可能の閉塞取扱駅に運転取扱要員を終日配置する必要があり、自動閉塞化によって駅の運転取扱要員削減が実施された。まず1971（昭和46）年2月に片上～天瀬間を単線自動閉塞（A・R・C）化、続いて1971（昭和46）年10月に天瀬～備前塩田間A・R・C化、1972（昭和47）年9月に備前塩田～柵原間のA・R・C化が完成して全線単線自動閉塞式となった。これを受け、1972（昭和47）年10月に企業縮小合理化を敢行し、162名の従業員削減を行い、車輌・線路・電気・通信の保守業務を同和工営委託に変えた。この結果昭和47年度末鉄道従業員は運輸52・土木3・電気1・事務所11の計67人。在籍車輌数は機関車5・気動車は乗客減から1輌が水島臨海鉄道に転じて8・客車4・有蓋貨車3・無蓋貨車134の計153輌であった。

　私が初めて片上鉄道を訪れた1973（昭和48）年6月当時は、このような状況下であった。

入換にまわった DD13 - 555 が離れた柵原発片上行3列車。
1973.6.10　和気　P：寺田裕一

出会いそして別れ

■1973（昭和48）年当時の片上鉄道

　私が初めて訪れた1973（昭和48）年度の貨物輸送量は584,225 t（自社線鉱石334,918 t、国鉄連絡鉱石25,843 t、国鉄連絡一般貨物223,464 t）で、最盛期より減ったものの鉱石輸送貨物はほぼ毎日3往復走り、片上で産した耐火煉瓦を中継駅の和気に輸送する区間貨物列車が2本あった。

　旅客は、通勤定期41.9万人、通学定期64.4万人、定期外34.4万人の計140.7万人（1日平均3854人）で、輸送密度は923人/km日。荷物と郵便物輸送もあった。運輸収入は年間4億950万円、営業費は4億138万円で、1972年10月の企業縮小合理化で162人の社員削減を行った直後でもあって、936万円の営業利益を上げていた。

　当時は地方鉄道の多くが貨物と旅客を兼営していて、貨物専業鉄道を別とすると、片上鉄道の貨物輸送トン数は、秩父鉄道886.0万 t、東武鉄道531.8万 t、岩手開発鉄道239.4万 t、三岐鉄道182.1万 t、夕張鉄道142.2万 t、水島臨海132.7万 t、近江鉄道130.1万 t、西武鉄道123.1万 t、三井三池120.3万 t、三菱大夕張鉄道118.9万 t、同和鉱業小坂鉄道79.9万 t、岳南鉄道78.6万 t、名古屋鉄道74.8万 t に次いで全国14位であった。

和気での停車時分を利用して貨車入換を行う DD13 - 555。

1973.6.10　和気　P：寺田裕一

和気駅のキハ703。和気駅片上鉄道発着線は国鉄駅本屋・1・3番線とは地下道で結ばれ、専用改札口はなかった。

1973.6.10　和気　P：寺田裕一

在籍車輌数は内燃機関車5輌（ＤＤ13-551～556：554は欠）・気動車8輌（キハ301～305：304は欠、キハ311・312、キハ702・703）、客車4輌（ホハフ2002～2005）、有蓋貨車3輌、無蓋貨車134輌の計153輌。鉄道従業員は運輸・運転59、保線3、電気2、事務所11の計75名であった。

行違い可能駅は清水、和気、天瀬、備前矢田、備前塩田、吉ヶ原で、駅員配置駅は片上、和気、備前矢田、周匝、吉ヶ原、柵原。本和気、備前塩田、備前福田に委託駅員の配置があった。

■

1973（昭和48）年6月10日（日）、当時中学1年生であった私は、同じ鉄道好きの同級生と共に姫路5時35分発の山陽本線下り糸崎行き427Ｍ列車で和気へと向かった。それまでに訪ねたローカル私鉄は、姫路の自宅と豊中の叔母宅から日帰りで訪問可能な別府鉄道、能勢電気軌道、御坊臨港鉄道、有田鉄道、野上電気鉄道で、時刻表から片上鉄道の路線長が、それらの小私鉄と比べ物にならない規模であることは認識していた。和気着は6時34分で、山陽本線下りホーム隣の島式ホームに21列車片上行きキハ702と20列車柵原行きが停車していて、山陽本線下りホームからキハ703を撮影した。流線形の元国鉄キハ07形は、有田鉄道でも接していて、親しみを感じたが、有田とは異なって、その美しさに感心した。中学生の拙い紀行文には

「思ったより、きれいな車輌だった。ぼくは、もっとボロかと思っていたが、やっぱり手入れしてあると違う。

色はピンクに、窓周りが明るいクリーム、窓下に白帯一本で、素晴らしく美しい」

と記している。

21列車、続いて22列車が片上鉄道線のホームを離れると、片上鉄道線ホームに移り、ホーム上に建つ運転取扱室で、列車時刻や車輌のことをお聞きした。次に22列車と23列車がやってきて、和気7時48分着、8時09分発の第3列車は、機関車牽引の混合列車であることを聞き出す。22列車は先ほどの21列車が片上から折り返してきたキハ703、22列車はキハ312＋305の2輌編成で再び国鉄下りホームに回って撮影。それから国鉄の出口を出て、金剛川の堤防に沿って上流に向かい、片上鉄道が金剛川を渡り、山陽本線をオーバークロスする地点で第3列車の到着を待った。やって来たのはＤＤ13-555牽引で、荷物車1輌と客車3輌の編成。和気離合となる22列車キハ703を撮った後、大急ぎで和気駅社線ホームに戻った。ＤＤ13-555は混合列車の編成を4番線に残して入換作業中で、国鉄との共同1番線から有蓋貨車4輌を引っ張り出し、荷物車の前に連結する。最後尾には片上発和気終点の24列車で到着した気動車1輌を連結し、これで第3列車はＤＤ13-555＋有蓋貨車4輌＋荷物車1輌＋客車3輌＋気動車（後補機で客扱は無）の長大編成となった。私たちは咄嗟にその列車に乗ることとして、第3列車の車中の人となった。

拙い紀行文には、

「この客車は展望室付きのボギー車と、なかなかいかし

柵原発片上行3列車はDD13-555＋緩急車＋客車3輌で金剛川橋梁を渡り、和気に進入した。　　　　　　　　　1973.6.10　本和気－和気　P：寺田裕一

ている。車輌の色も素晴らしく、青色に白色の帯をつけ、配色は国鉄のブルートレインと同じだ。中身は木製でボロボロだが、椅子は向い合せになっている。途中、駅が2つにトンネルが1つあった。そのトンネルの中では、車内に電気をつけていたのだが薄暗く、何も見えない」
とある。

　片上到着後は、広大な操車場に驚き、ＤＤ13-555の

入換を見届けたのち、片上鉄道を後にした。人に聞きながら国鉄赤穂線西片上駅に向かい、赤穂線列車で姫路に戻っている。

　　　　　　　　■

　次の訪問は、中学2年生になった1974（昭和49）年5月10日（金）で、平日に訪問ができた理由は覚えていない。この時は紀行を書き留めておらず、ネガを見ながら記憶を蘇らせると、姫路発岡山行きに乗車して

■列車運行図表　昭和50年3月10日現在

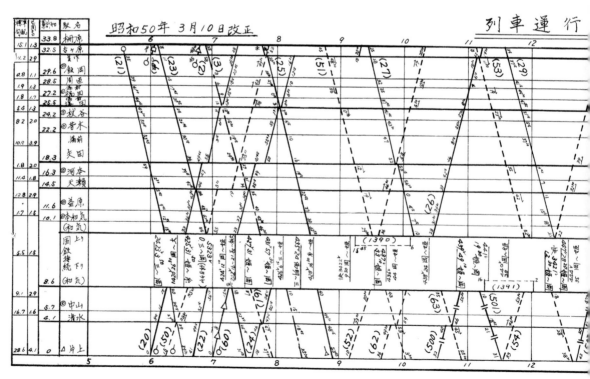

54列車はDD13 - 553が有蓋貨車1輛と無蓋貨車37輛、緩急車を牽引。
1974.5.10　本和気－和気　P：寺田裕一

上り柵原行貨物列車は無蓋貨車の空車回送に近かった。
1986.9.20　中山－和気　P：寺田裕一

和気着は12時12分。国鉄の出口から、前回訪ねた金剛川堤防脇に直行して、そこで54列車和気12時18分発を捉えた。ＤＤ13 - 553が有蓋貨車1輛と無蓋貨車37輛、最後尾に緩急車を連結した長大編成で、その迫力に度肝を抜かれた。捉えたと記したが、当時貨物列車の時刻を知る術は無く、駅に問い合わせる勇気もなく、柵原行きまでに時間が空いていて、何か列車が来れば良いくらいの軽い気持ちで向かい、予期せぬ獲物が撮れたといったところであろうか。和気の駅前食堂で昼食をとったのち、和気13時43分発柵原行きに乗車した。

片上鉄道の昼間旅客列車は、和気～柵原間のみの運行で、和気10時30分発の次が13時43分と3時間以上空

き、それでもキハ700形の車中は座席が埋まる程度の乗客しかいなかった。山陽本線を乗り越して金剛川を渡り、本和気は旧対向ホームが姿を留め、委託駅員が出迎えた。吉井川に沿って北上し、川の蛇行に伴って大きなカーブを描いた。谷あいの人口希薄地帯を進み、備前塩田で鉱石を満載した長大貨物列車と行き違った。吉井川本流を2度渡り、吉ヶ原で、津山方面バス乗り換えのアナウンスが、ローカル私鉄に似合わず地域交通のネットワークを築いていることに頼もしさを感じた。終着柵原の、グロテスクな採鉱場、聳え立つ中央立抗、そして鉱石積み込み装置は、初めて見る巨大施設で、鉱業所施設全体に驚愕を覚えた。

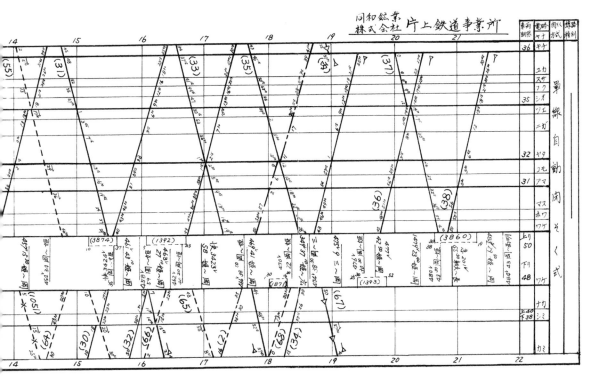

片上発柵原行30列車は下校生の利用があり、折り返し33列車もキハ703＋キハ311＋キハ312による3輌編成。　1974.5.10　和気　P：寺田裕一

　すぐに折り返して片上に向かうこととし、和気にて、64列車で上って来たＤＤ13 - 552、そして30列車キハ312＋311＋703の3輌編成と出会う。そのまま片上まで下って機関区を見学したのち、夕刻の混合2列車の客となる。この日はＤＤ13＋有蓋貨車6輌+客車3輌+ワフ17の編成で、実はワフ17を目にするのはこれが最後であった。和気で下車し、柵原から折り返してきた先ほどの3輌編成33列車を山陽本線下りホームで捉えて帰路についた。

■

　次の訪問は1976（昭和51）年、中学3年の春休みというか高校入学前の休みで、和気から片上に向かって歩き、線路の枕木がＰＣに変わっていたことに驚いた。当時のローカル私鉄は木製枕木、電化区間であれば木製架線柱が当たり前で、ＰＣ枕木は本当に珍しく、その概要を『鉄道ファン』誌のポスト欄に投稿した。これが私の鉄道雑誌デビューで、掲載誌を手にした時は本当に嬉しかったのを記憶している。

　その日、片上に着く頃にはすっかりと日が暮れ、薄明りを頼りに線路際を歩き、片上の街の灯がとても有難く感じた。地方の私鉄を夜明けから日暮れ、もしくは夜間のバルブ撮影までのめり込むようになったのは、この片上訪問からであった。

■1979（昭和54）年の訪問

　高校時代の3年間は、何故か片上鉄道を訪ねていな

い。全国各地のまだ見ぬ私鉄を訪ね歩くのに精一杯というか、尾小屋にのめりこみ、近場では別府に足繁く通ったのが影響したのかもしれない。

　4度目の訪問は、大学入学後、1979（昭和54）年6月14日（木）から17日（日）までの4日間。14日から16日までの3日かけて柵原から和気までを歩覇した。片上6時00分発20列車と柵原折り返し7時46分発の片上行き25列車がキハ300形＋キハ700形＋キハ300形の3輌編成であることに感動し、備前矢田での郵便物積み下ろしにも遭遇した。

■

　訪問4日の最終日6月17日（日）は、混合第3列車に始発の柵原から乗車することにした。これは、『レイルガイ』誌のローカル私鉄紹介記事を、当時私が会長を務めていた日本レイルファンクラブが担当することとなったため、仲間とともに柵原駅から吉井川対岸の民宿で前泊した。

　朝の下り最混雑列車は、営業最終日まで機関車が客車を牽引し、貨物営業廃止後も混合列車の設定であった。1列車がなく3列車であったのは、1列車があった頃の3列車の時間帯を踏襲した名残で、最晩年は1列車に改められていた。また、最晩年の1・2列車は吉ヶ原発着であったが、この頃の3・2列車は、柵原発着であった。

　早朝の柵原駅には、前日の2列車で上って来た客車2輌が奥の機廻し線に停泊中で、2列車の牽引機ＤＤ

24

備前矢田での郵便荷物積み卸し風景。20列車が到着する頃に郵便局員が現れ、駅員・委託駅員・車掌が協力して郵袋の積み卸しも行った。そのこともあってか20列車は備前矢田に8分停車した。
1979.6.14　備前矢田　P：寺田裕一

13 - 553は吉ヶ原に回送走行したのち一夜を明かし、回送乙列車で6時48分に柵原に戻って、客車の前に着いてホームへ移動。伝統的に動力車の留置は片上と吉ヶ原で、吉ヶ原には車掌区と乗務員宿泊施設があった。

　6時55分、我々と数人の乗客を乗せた第3列車は、定刻に柵原駅のホームを離れた。本日の編成はホハフ2003＋2005で、以前は土日でも3輌編成であったが、日曜で客が少ないせいか2輌編成で、緩急車も廃止されている。山間を進むとすぐに吉ヶ原で、蒸機時代のターンテーブルが見て取れる。

　吉ヶ原からは県道を挟んで吉井川に沿うようになり、美作飯岡は、かっての行き違い可能駅で、対向ホーム跡が残る。すぐに第二吉井川橋梁を渡り、次の周匝では女性委託駅員が列車を迎えてくれた。吉井町（現・赤磐市）の中心集落に近く、貨物側線を有し、林野行きバスとの乗り換え駅でもある。数名の乗客があるが、車内を見回ると1輌目が8人、2輌目が11人の19人だが、平日ならこの辺りで席が埋まるという。

　吉井川右岸をしばらく進むと備前福田で、ここも古くは行き違い可能駅であったが、早い段階で停留場に変わっている。発車後すぐに第一吉井川橋梁を渡る。備前塩田で上り20列車と交換。平日は気動車3輌編成だが本日は単行で、車内の乗客も少ない。備前塩田を発車すると、鉄路は道一つ隔てて吉井川左岸を進む。

吉井川は旭川、高梁川とともに岡山県の三大河川で、中流域でも川幅は広く、流れはゆったりとして重々しい。その吉井川が大きく右に蛇行する地点に杖谷停留場があり、ホームと民家の境目がはっきりとしない。杖谷から先は川面と道路から一段高い地点を進み、山が川に迫る谷間を南下する。苦木は元交換可能駅で、川側の旧上り対向ホームが姿を留める。日本弁柄の工場の先で国道とクロス（この辺りが旧井ノ口貨物駅）、場内遠方信号機が見え、続いて場内信号機の進行現示に従って備前矢田に着く。佐伯町（現和気町）の中心集落に近く、乗降客が多い。ここでワム1輛が客車の前に連結され、混合列車に変わる。

　備前矢田を発車すると、吉井川は蛇行して東に向かい、線路も左にカーブする。河本はホーム1面の停留場で、その先で右にカーブして、川岸まで迫る天神山を短い2本の隧道で潜る。川幅がさらに広がった吉井川の左岸を南下し、天瀬で上り22列車と行き違う。益原を過ぎたあたりから山が離れて耕地が広がるようになり、本和気の手前から民家が立ち並ぶ中を進む。本和気は和気町の旧市街地に近く、行違い設備が撤去されたのちも委託駅員が勤務していた。本和気を発車し、金剛川橋梁を渡る辺りで「次は山陽本線接続の和気で

ございます。上り姫路行き普通列車は17分の連絡で1番線、下り岡山行きは…」と丁寧な車内放送が流れる。左にカーブしながら山陽本線をオーバークロスして7時46分に和気駅4番線に到着。乗客全員がデッキからホームに降り、山陽本線連絡の地下通路へと消える。和気以北と以南を通しで乗る旅客は極めて少なく、旅客扱い列車は5〜28分停車した。この列車も24分の長時間停車。この間に機関車は入換を行い、備前矢田からのワムを国鉄との共通線に押し込み、ＤＤ13は再び客車の前に着く。

　7時54分に片上からの24列車キハ312が5番線に着き、降車が終わるとすぐに転線して3列車の最後部に増結。このキハ312は後補動力車として客扱は行わない。本日は客車2輛だけであるが、和気〜片上間はワムが7輛前後連結されることが多く、後補動力車を必要とした。もっとも、貨物廃止後客車2輛のみが常態化した最晩年まで下り客車列車への気動車併結は続いた。

　機関車＋客車2輛＋気動車となった3列車は、8時10分に和気を発車し、右にカーブして山陽本線から離れる。住宅が途切れると盆地の耕作地となり、中山停留場を過ぎると16.7‰の登り勾配となる。行き違い可能駅の清水を過ぎても勾配は続き、最後尾の客車からはキハ312のエンジン音が響いているのが聞こえる。全長203mの峠隧道内がサミットで、28.6‰の下りに変わる。下り勾配は延々3kmに及び、新幹線、国道2号、国鉄赤穂線の下を続けて潜り、終着の片上に着く。2輛の客車からの下車客は数人で、和気〜片上の昼間がバス代行になっているのも理解できた。

　片上鉄道が定期旅客バス営業を開始したのは1926（大正15）年と古く、1972（昭和47）年7月にバス事業は日生運輸備前バスに営業譲渡していた。1979（昭和54）年6月17日当時、片上発着の旅客列車は8時53分着の25列車から15時10分発の30列車までの間は無しであった。備前バスは何度か利用したが、マイクロバスタイプで、ほとんど空気を運んでいる状態であった。

■

　5度目の訪問はその年の11月25日。片上鉄道株式会社が1919（大正8）年11月27日に設立されてから60年が経過したことを記念して「祝創立60周年」のヘッドマークを、日本レイルファンクラブが作成して片上鉄道事業所に届けた。このマークはキハ305の前後に掲げられ、片上11時発28列車で柵原へ、柵原12時34分発31列車で和気へ、和気13時41分発30列車で柵原へ、柵原14時45分発33列車で片上へ戻った。

　直前の1978（昭和53）年10月2日改正で、11時台に片上〜和気間に旅客列車1往復が復活していた。

客車のボックスシートでは乗客による井戸端会議が繰り広げられていた。
1979.6.17　Ｐ：寺田裕一

片上鉄道株式会社の設立から60周年を記念してヘッドマークを作成して祝賀列車とした。　　　　1979.11.25　備前塩田－杖谷　P：寺田裕一

■

　昭和54年度の鉱石輸送は線内が117,769 t、国鉄中継が8,222 t、一般車扱国鉄中継が156,034 tの計282,025 t。貨物列車は鉱石列車が3往復の設定で月に10日程度の運転、片上～和気間の一般貨物列車は平日はほぼ毎日運転であった。

　機関車は鉱石列車運転日でも3輌使用で、余剰となったDD13-556は1978（昭和53）年5月15日付で小坂鉄道に転じていた。

　旅客輸送人員は76.2万人で、気動車は6輌使用1輌予備であった。

　従業員は66人、営業収入は4億8246万円、営業費は5億1287万円、損失3040万円であった。

■1981（昭和56）年、全通50周年

　6度目の訪問は1980（昭和55）年11月3日。この頃の訪問は、姫路発の山陽本線下り1番列車で和気に向かうのが常で、和気から片上鉄道の上りまたは下り1番列車に乗り換えた。この日は下り21列車に乗車して中山で下車。清水寄りに歩いて築堤を行く、22・23・24、そして3列車を捉えた。その後は和気以北に向かい、夕刻は備前塩田の手前で吉井川に沿う列車の俯瞰撮影

を行った。この時の国道は道幅が狭く、川沿いのバイパス工事前であった。

　■

　7度目の訪問は、1981（昭和56）年3月22日、全通50周年記念列車運転の日。片上～柵原間の全通は1931（昭和6）年2月1日で、それを記念して片上鉄道事業所と日本レイルファンクラブ共催で記念イベントを開催する運びとなった。1年半前の会社創立60周年記念ヘッドマーク掲出以来、何かと片上鉄道事業所の佐藤精司氏と連絡を取り合うようになり、記念イベント開催に漕ぎ着けた。

　臨時列車は片上～吉ヶ原の運転で、DD13＋トラ3輌＋トム2輌＋客車3輌。上りの片上～和気間はDD13形の重連。これは当日単機回送の62列車を運休とし、和気発片上行き63列車の牽引機を確保する必要性からであったが、期せずして普段見れない重連が実現した。往路の清水手前、復路の第一吉井川橋梁では、列車を本線上に停止させて撮影を行うといった内容を盛り込み、その結果、1往復に見える列車の運転は複雑なものになった。

　片上9時発の800列車は清水行き。清水から片上起点3.5kmポイントまでは801列車。清水では参加者を下車

全通50周年記念列車の片上～和気間はDD13形重連であった。
1981.3.22　片上－清水　P：寺田裕一

DD13形は和気で1輌が切り離されて63列車牽引機となり、1輌で
吉ケ原を目指した。　　　　　　　　　1981.3.22　和気　P：寺田裕一

させたのち、上り本線から代用手信号、推進運転で片
上起点3.5km地点へ。ここから吉ヶ原行き802列車とな
り、3.5km地点から4.105km地点まで撮影用に徐行、清
水で参加者の乗車完了を待って9時50分に発車。和気9
時56分着10時00分発、途中は交換可能駅を含めて全駅
通過で10時42分吉ヶ原1番線着。2番線には吉ヶ原10
時43分発の27列車がほどなく柵原から到着し、和気に
向かって離れる。吉ヶ原では片上鉄道の部品即売会が
開催され、盛況を極める。

　往路は吉ヶ原2番線から12時58分発803列車備前塩田

行きとなる。途中駅通過で備前塩田13時09分着。備前
塩田から第一吉井川橋梁を渡った片上起点27.0kmまで
は804列車、801列車と同じく推進運転で後退。起点
27.0km地点からは805列車となり、26.18km地点の橋梁
上で停車して参加者の撮影ニーズに応える。805列車は
備前塩田で参加者を乗せ、28列車の到着を待って14時
13分に発車。途中駅は通過であったが、本和気は遮断
機降下を確保するために停車。和気は2分停車で片上
着は14時56分。片上15時15分発の30列車の運転に支障
がないためのスジ設定であった。

第一吉井川橋梁を渡る全通50周年記念列車。ファンサービスで橋梁上で徐行と停止を繰り返した。1981.3.22　備前塩田－備前福田　P：寺田裕一

吉井川流域は晩秋になると霧に包まれることが多く、朝霧の中を行く混合列車のヘッドライトが印象的であった。

1984.11.10　河本一備前矢田　P：寺田裕一

■

　8度目の訪問は元国鉄オハ35形のホハフ3000形が見たくなり、1982（昭和57）年3月17日に岡山臨港鉄道を訪ねた帰りに片上に立ち寄った。

　昭和56年度の貨物輸送量は218,928ｔで、1983（昭和58）年1月19日から和気～片上間でコンテナ輸送が始まったが、昭和57年度は185,324ｔとなった。鉱石輸送貨物列車は午前・午後各1往復計2往復の設定で、運転日は月6日程度であった。

　平日朝1往復の気動車3輌編成は燃料効率が悪く、貨物列車の本数削減で機関車運用に余裕ができたこともあって、国鉄オハ35形2輌を購入して客車2輌編成に変更した。この列車番号が2・3車で、機関車牽引だが混合ではなく旅客のスジであった。これにより気動車に余剰が生じたことと、旅客減少が片上より早いペースで進んだ小坂鉄道からキハ2100形1輌が1981（昭和56）年に入線したため、同じ年にキハ302・305・703が廃車、気動車在籍5輌となった。

■1986（昭和61）年が鉱石輸送を目にした最後

　9度目の訪問は、京阪電気鉄道に入社した翌年の1984（昭和59）年11月10日。姫路から山陽本線下り初発で和気に向かい、上り初発の2列車で河本へ。

　5年前訪問時に気動車3輌編成から客車2輌編成に変わっていた上り1番の2列車は乗客減から気動車単行に戻り、それどころか1986（昭和61）年3月3日改正で朝の2・3列車と夕刻の30・31列車（全て片上～柵原間）が日祝日運休に変わっていた。河本の備前矢田方跨線橋から朝霧の中やってきた混合列車を捉え、天神山第1・2隧道を潜る列車撮影を行い、午後は和気以南に場所を移し、最後は片上から混合4列車に乗車して和気乗り換えで帰路についた。

　この1984（昭和59）年は、3月31日付けで小坂鉄道からキハ802が入線し、代替としてキハ311が1985（昭和60）年に廃車となった。これでキハ300・310番代・700形は予備部品の関係もあってか、1輌ずつとなった。

　また、1984（昭和59）年4月に本和気、益原、備前塩田、備前福田の委託駅員が廃止され、無人駅になった。

■

　10度目の訪問は、1986（昭和61）年9月20日（土）。『レイル・マガジン』誌に連載中の「ローカル私鉄独り歩き」の取材を兼ねていた。

　1984（昭和59）年2月1日の国鉄貨物大幅縮小で、コンテナ以外の一般貨物列車は壊滅に近い状況となり、地方鉄道の貨物営業のほとんどが廃止に追いやられた。さらに1986（昭和61）年夏に急遽襲った円高不況は、

午後の下校時間帯、女子中学生が朝出た駅に戻ってきた。
1986.9.20 備前塩田　P：寺田裕一

鉱業各社に打撃を与え、事業の縮小、合理化の発表が相次いだ。同和鉱業も例外ではなく、鉱業所の縮小と人員削減を骨子とする合理化案が報道され、鉄道の別会社化なども俎上に上がっていた。

片上版ＤＤ13が37輌編成の鉱石列車を牽引する貨物列車は月に7日程度の運転で、それと朝の混合列車が3輌となる日、そして自身の休日を組み合わせるとなると、その日しかなかった。

柵原で前泊し、翌朝に駅に向かうと、出札窓口には「片鉄レールファン・フォト乗車券」や「1986年カレンダー乗車券」「列車愛称マーク記念乗車券」、果ては5年前に発売された「全通50周年記念乗車券」まで10種類を超える記念乗車券が発売されている。レールを守るのに懸命なのは理解できるが、いささか乱発気味に感じる。ホーム奥に客車が留置され、発車時刻の5分ほど前に吉ヶ原で前泊していた機関車が回送されてくるのは8年前の取材時と同じで、本日はＤＤ13-555＋ホハフ3001＋3002＋2004の編成で、6時48分、1列車はわずかばかりの高校生を乗せて定刻に発車した。

周匝で多数の高校生が乗車し、3輌の客車の座席が埋まる。備前塩田で2列車柵原行きと行き違うが、キハ801の単行で、乗客減で気動車単行となった後も列車番号は客車時代を踏襲。杖谷、苦木といった停留場か

■列車運行図表　平成元年11月1日現在

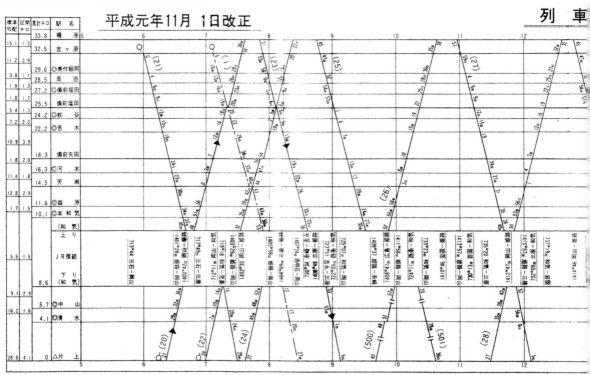

平成元年11月 1日改正　　　列　車

1列車車内。車内は通学生で座席が埋まり、立客も現れる。学生以外の通勤利用客の姿が皆無に近いのは、昭和の後期になると全国のローカル私鉄共通の現象であった。

1986.9.20　P：寺田裕一

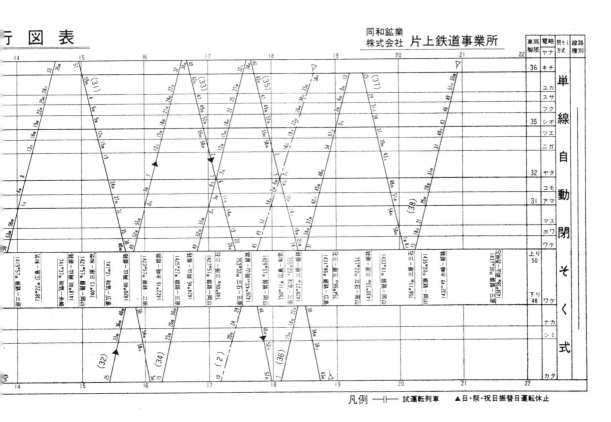

備前塩田に進入する
DD13‐555＋ホハフ
3001＋3002＋2004。
備前塩田　1986.9.20
P：寺田裕一

らも数名の乗客がある。もっともこの乗客数こそが集落の全学生数と思われる。

　備前矢田に着くと、車掌はホームと反対側の線路に飛び降り、笛を吹きながら対向ホームに走る。やがてホイッスルとともにＤＤ13‐553が37輌の無蓋貨車を従えて通過していく。対向ホームで列車監視を終えた車掌は線路から車内に戻って来たが、他の乗客まで改札口を回らずに直接線路から乗車し、それが当たり前かのような光景に驚いた。

　天瀬で20列車キハ703と交換。和気着は7時43分で、都会のラッシュとは異なり、ホームに飛び出す人はおらず、いたってスローペースで学生が下車。一方、座席から離れずにいる学生も多く、このまま片上に向かうのかと思いきや、7時58分発の山陽本線下り岡山行きの発車時刻が近付くとゆっくりと腰を上げ始めた。到着後すぐに下車したのは和気の高校への通学生で、岡山方面への通学生は車内で時間を潰していたのであった。8時11分に上り姫路行きが発車すると車内はガランとなった。この間、前2輌の客車は切り離されて片上方の側線に引き上げられ、国鉄との共同線からコンテナ車8輌が客車の前に連結。1列車はＤＤ13‐555＋コンテナ車8輌＋ホハフ2004となった。7時53分に片上から到着したキハ802は、土曜日に限って午後の増結用として和気で待機するとのことで、1列車は補機動力車なしで和気を離れた。

　片上に到着した1列車は、通常はまず気動車を開放し、続いて機関車が最後尾に移動し、客車を突放により解放し、係員が手ブレーキを操作して所定の位置に停める。最後にコンテナ車を基地に移動させると入換が終了する。

　■

　片上鉄道の貨物輸送は、1983（昭和58）年からのコンテナ輸送に続いて1984（昭和59）年から吉ヶ原―片上間で線内肥料輸送が始まった。このため花岡線廃止によって不要になっていたトキ15000形10輌を1984（昭和59）年3月31日付で譲り受けるとともに、国鉄ワム80000形10輌を1986（昭和61）年3月25日付で購入してワム1800形とした。肥料輸送は、線内で所有している機関車と社内の遊休車輌の組み合わせで実現した。片上駅コンテナ基地は、東備地区の貨物拠点という位置付で、国鉄の貨物営業センターとタイアップして、貨物扱いを廃止した和気・吉永・三石駅発送品などの取り込みにも注力していた。

　その結果、昭和59年度の輸送量は204,853 tと20万t台を回復したが、鉱石輸送の減少から60年度は161,588 tに留まった。内訳は、鉱石輸送が108,063 t（片上港から専用船で岡山精錬所への線内が100,672 t、和気接続国鉄連絡が7,391 t）、線内肥料が3,642 t、国鉄中継一般貨物20,723 t、国鉄中継コンテナ29,160 tであった。1986（昭和61）年11月1日の国鉄ダイヤ改正後は和気中継一般貨物が廃止され、さらなる減少が見込まれた。

　旅客輸送人員は昭和60年度55.9万人で、通勤定期旅客は10万人を割り、通学客のための営業と言った状況であった。鉄道営業収入は5億483万円、営業費5億6993万円、6510万円の営業赤字で、従業員は11月1日から40名体制となった。

国鉄との共同線からコンテナを引き出すDD13 - 555。　　　　　　　　　　　　和気　1986.9.20　P：寺田裕一

■廃止表明と3年間の観察期間

　同和鉱業が片上鉄道廃止の方針を表明したのは1987（昭和62）年8月18日であった。円高不況は鉱業各社の経営を圧迫し、経営合理化が急務であった。柵原の鉱石輸送は、鉱山→鉄道→片上港→専用船→岡山港→精錬所と相当な手間がかかり、トラック輸送と比べても高コスト体質で、トラック化が課題となっていた。そして、1987（昭和62）年11月1日に鉱石輸送は鉄道からトラックに転換された。何ともあっけない幕切れであったが、旅客営業と異なって貨物営業は、荷主さえ了解すれば許可なく運転を停止することができ、貨物列車運転の最期は、いつの時代でも突然やってくる。これを受けて柵原駅は1988（昭和63）年1月15日に駅員無配置に変わった。

　片上〜和気間のコンテナ輸送は鉱石輸送廃止後も続いたが、廃止を表明して以降、営業を継続する理由はなく、1988（昭和63）年3月13日に廃止。最後に残った貨物輸送は吉ヶ原〜片上間の肥料輸送で、これも1988（昭和63）年7月1日に廃止となり、貨物主体であった片上鉄道が旅客専業に変わった。

　同和鉱業の片上鉄道廃止方針を受けて地元では沿線1市4町が片上鉄道存続対策協議会（会長:幸坂佐伯町

ホハフ2004の片上方にコンテナ貨車を連結する。この日は上りホームに見えるキハ802の増結はなかった。
　　　　　　　　　　　　　　　　　　　和気　1986.9.20　P：寺田裕一

長）を、岡山県議会が交通対策特別委員会を設置。同和鉱業と存続対策協議会、岡山県は1988（昭和63）年6月に、昭和63年度から65年度までの3年間を試行期間として期間満了までに存廃の結論を出し、その期間中の赤字額は同和鉱業が1／2、沿線市町と県が1／4ずつ負担することが決まった。

　試行期間中の1989（平成元）年春、東京に本社を置き、日光江戸村などを運営していたレジャー会社の大

新東から、「備前ヨーロッパ時代村」なる構想が示された。構想では、片上鉄道を観光鉄道として整備し、500億円を投じて主な駅にホテル、レストランなどヨーロッパ風の建物を建てるとしていた。バブル経済の時代ではありがちな壮大な話で、誰が聞いても「眉唾物」であったが、片上鉄道の存続を望む県と沿線自治体は、藁をもすがる気持ちか1990（平成2）年1月にヨーロッパ時代村誘致期成会なる組織まで立ち上げている。同和鉱業は、1989（平成元）年9月20日に、「1991（平成3）年3月末限りで鉄道事業から撤退する。地元と県が鉄道運行を引き継ぐなら新会社を早急に設立してほしい。新会社に対し、鉄道に必要な施設、土地を譲渡する考えがある。鉄道経営には参加しないが、新会社が必要とする従業員教育、訓練の場は提供する」旨の文書を県に提出。1990（平成2）年1月18日になって、岡山県議会交通対策委員会特別委員が片上鉄道事業所を訪ね、その後備前市内で沿線市町長と会談。その席でも、「ヨーロッパ時代村の完成は1994（平成6）年春とされていて、試行期間が終わる1991（平成3）年3月末から3年間の空白期間の運行をどうするか。引き続き同和鉱業に運行してもらいたい」といった、甘い現状認識が発表されている。

営業最終日の乗車券を買い求める長い列。
1991.6.30　片上　P：寺田裕一

第一吉井川を渡る営業最終日の27列車。DD13-552＋ホハフ2003＋2004＋3002。　1991.6.30　備前塩田－備前福田　P：寺田裕一

■

旅客専業となった片上鉄道は、1989（平成元）年3月11日改正で貨物列車のスジが消え、清水の閉塞取扱が廃止された。1・2列車は吉ヶ原発着に短縮され、スジは混合列車であったが、貨車が連結されることはなかった。余剰機関車の廃車も進み、1988（昭和63）年1月にDD13-555、10月にDD13-553が消えた。

貨物輸送実績は昭和63年度の肥料815tが最後で、平成元年度以降はゼロとなった。旅客輸送は昭和63年度50.0万人、平成元年度54.4万人で、鉄道従業員は21名まで圧縮していたが、営業赤字額は昭和63年度2億1322万円、平成元年度2億1234万円と天文学的な数値となった。

■ついに最後の瞬間が訪れる

片上鉄道存廃に関する情報は、全国紙でも報じられて大枠は把握していたが、私は廃止になるからといって頻度を上げて訪問することは好きではなく、11度目の訪問は1990（平成2）年1月2日であった。

正月休み中で、全線を走破し、和気の側線が雑草に覆われていること、清水の場内・出発信号機が撤去されていること、片上の側線の一部が撤去されていることを確認した。

存廃問題は、1991（平成3）年に入って結論を得た。

沿線市町は藁をもつかみたいとの思いから大新東のヨーロッパ時代村構想を支持し、県の支援を待っていた。が、県は第三セクター化してリスクを負うことには同意せず、結局は、当り前の結末というか、1991（平成3）年3月末限りで廃止の方向となった。同和鉱業は1991（平成3）年1月18日に片上鉄道の廃止を申請し、4月1日実施の予定であった。しかし、代行輸送を行う日生運輸のバスと運転手の手配がつかなかったことから、3月8日に廃止申請を取り下げ、同時に6月30日限りでの廃止を再度発表した。こうして7月1

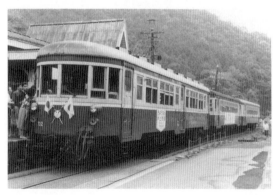

24→25列車キハ702＋キハ303＋キハ312（片上方）。構内の側線は撤去されていた。　1991.6.30　柵原　P：寺田裕一

日廃止が固まった。

12回目の訪問は1991（平成3）年3月17日（日）であった。この時は大学の鉄道研究会時代の仲間が、誰が言い出すでもなく廃線近付く片上鉄道を訪れることとなり、早朝和気で集合し、中山付近で撮影後、片上に移動し、その後は各自で移動した。

急遽、廃止日が変わったことは、鉄道運行にも支障をきたした。同和鉱業は、3月末まで営業の予定で希望退職を募り、応募者は再就職の問題もあり、4月以降の乗務員が不足する事態に陥った。1991（平成3）年4月1日、最後のダイヤ改正で運転本数が10（休日8）往復から5（土曜6）往復となった。

■

13回目の訪問は営業最終日の1991（平成3）年6月30日（日）。本当は前日にも乗車するつもりであったが、ちょっとしたハプニングで叶わなかった。

6月29日は、鉄道雑誌出版社勤務の友人の結婚披露宴が東京であり、2次会終了後、新幹線を乗り継いで相生着が19時01分、相生19時07分発岡山行きの和気到着は19時41分。ここで和気19時45分発の吉ヶ原に乗車するつもりが、どこでトラブッたのか記憶にないが、和気からタクシーで周匝に向かい、バスに乗り継いで湯郷温泉の宿泊地に向かった。

翌日は早朝から日本レイルファンクラブの仲間と最後の撮影に出かけた。営業最終日が日曜日に重なったこともあって人出は多く、別れを惜しむ沿線の家族連れや全国各地から集まった鉄道愛好者で大賑わいとなった。昼間時に1往復が増発される土曜ダイヤで、昼以降はＤＤ13-552に円型ヘッドマーク、キハ702の側面にサイドマーク、キハ303の側面に横断幕が掲げられた。円型ヘッドマークとサイドマークは日本レイルファンクラブの作成で、実はキハ702のマークはキハ303か312の正面に掲げるつもりが、現業の方の判断で変更された。ちなみに当会が片上鉄道のヘッドマークを作成す

廃止が決まったものの、営業最終日は代替バスの都合などから変更に至った。
　　　1991.3.17　片上
　　　　P：寺田裕一

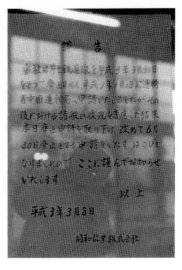

るのは3度目だったが、これが当会作成の最後のヘッドマークと思われる。

営業最終日の各列車の編成は次の通りであった。
21・22列車　キハ312
1列車　ＤＤ13-552＋ホハフ3000形2輌（＋キハ312）
20・23列車　キハ801＋キハ802
24・25列車　キハ702＋キハ303＋キハ312
26・27列車　ＤＤ13-552＋ホハフ3002＋2004＋2003
2列車　ＤＤ13-551（変更）＋ホハフ3002＋2004＋2003
28・29・30列車　キハ702＋キハ303
（1列車のみ左が片上方、その他は左が柵原方の編成：機関車は付け換え）

最終前の2列車は吉ヶ原到着後に柵原に回送。最終30列車は多くの人に見守られ、長々と汽笛を響かせて片上を19時に離れた。終着吉ヶ原には定刻より大幅に遅れて到着し、すぐに柵原に回送。柵原では流出防止線に留置されることになり、まずキハ702＋キハ303が流出防止線に、続いてＤＤ13-551＋ホハフ3002＋2004＋2003が推進運転で並びの本線に移設されて、最終日の運転が終了した。

柵原駅ホームには「さよなら片上鉄道」の看板が掲げられ、多くの人で賑わう。
　　　　　　　　1991.6.30　柵原　P：寺田裕一

夕暮れ迫る和気で発車を待つ28列車キハ702＋キハ303。
　　　　　　　　　　　　1991.6.30　P：寺田裕一

54 6 17

栅原 から
発売当日限り有効
下車前途無効
栅原駅発行

着駅 最下段	運賃 円	
周 匝	130	周
塩 田	170	塩
苦 木	210	苦
河 本	250	河
天 瀬	270	天
本和気	290	本
和 気	310	和
清 水	330	清
片 上	350	

片上鉄道車内乗車券

第2941号冊　　No 0010

発行日　1 2 3 4 5 6 / 7 8 9 10 20 30

運賃	相発	互着	清水から	中山から	和気から		益原から	天瀬から	苦木から	杖谷から	美作飯岡から
30			270	270	250	栅　原	230	210	150	130	70
40			270	250	230	吉ケ原	210	190	130	110	50
50			250	230	210	美作飯岡	190	190	110	80	
60			250	230	2	周　匝	190	170	90	70	50
70			230	230	210	備前福田	190	150	70	50	50
80			230	210	190	備前塩田	170	130	60	50	70
90			210	210	190	杖　谷	150	130	50		80
100			210	190	170	苦　木	130	110		50	110
110			170	150	130	備前矢田	90	60	60	80	150
120			150	130	110	河　本	70	50	80	110	170
130			130	110	80	天　瀬	50		110	130	190
140			110	80	50	益　原		50	130	150	190
150			80	70	50	本和気	50	70	150	170	210
160			70	50		和　気	50	80	170	190	210

至岡山　　山陽　山陽線接続 本線　　至大阪

170			50		50	中　山	80	110	190	210	230
190				50	70	清　水	110	130	210	210	250
200			70	80	110	片　上	150	170	230	250	270

有効当日　下車前途無効　⚓ 小　身　障　介

吉ケ原車掌区　乗務員発行

国土地理院発行1/50000地形図「周匝」(1977年修正・1978年発行)「和気」(1977年修正・1978年発行)より転載　(乗車券・車内補充券所蔵：寺田裕一)

施設と駅

1、施設

■線路・枕木

片上～和気間と和気～井ノ口間は開業時は30kg/m軌条を使用した。柵原延長線は開業時から37kg/mを使用し、既存区間も順次37kg/mに置き換えられた。和気～井ノ口間軌条重量変更は1933（昭和8）年3月3日申請。重量貨物である鉱石運搬路線としては37kg/mの使用は必要条件であり、昭和33年度末でほぼ置き換えが完了している。昭和52年度末時点では本線は一部を除いて37kg/m、側線も87.9％が37kg/mであった。

枕木は木製からスタートし、ＰＣへの置き換えに熱心で、昭和52年度末で8,780本がＰＣであった。１レール長当たりの枕木本数は、並枕木が34本/25m、橋梁枕木が41本/25mであった。

■トンネル

３か所で延長270m。

峠隧道（起点3,055.742m）は、片上－清水間に位置し、延長202.98m。片上方から28.6‰の上り勾配が続き、隧道内の起点3,218.69m地点で1.0‰上り勾配に変わった。内壁は上部煉瓦積み、下部コンクリート。

■鉄道施設一覧表

鉄道施設一覧表（その１）

~~本省報告事項~~　調査 昭和54年3月31日

線名	同和鉱業片上鉄道線		
区間	片上～和気	和気～備前矢田	備前矢田～柵原
工事施行認可年月日	大正10年6月17日	大正11年7月25日	昭和4年3月29日
運輸開始年月日	大正12年1月1日	大正12年8月10日	昭和6年2月1日
運輸営業の種類	一般旅客・貨物	一般旅客・貨物	一般旅客・貨物
営業キロ程	8.6KM	9.7KM	15.5KM
本線線路延長 単線	9K052M56	10K675M51	14K594M42
本線線路延長 複線			
本線線路延長 複々線			
本線の軌道延長	9K935M76	11K331M29	15K285M12
動力	内燃	内燃	内燃
軌間	1M067	1M067	1M067
施工基面幅	4M80～4M20	4M80～4M20	4M80～4M20
軌道中心間隔	3M54	3M54	3M54
最小曲線半径	240M	240M	260M
最急勾配	28.6	20.0	16.7
最小縦曲線半径	3000M	3000M	3000M
軌道 レール 重量．種別．長さ	本線 25M～37Kg，10M058～37Kg 10M058～30Kg	側線 10M058～37Kg，10M058～30Kg	
軌道 レール 接続方法	継目板．ガス溶接	継目板．ガス溶接	
軌道 レール 継目 配置	相対式．相互式．懸継法	相対式．懸継法	
軌道 レール 継目 支持方法	L型継目板	L型継目板	
軌道 まくらぎ 材質及び寸法 並	PCコンクリート 200×14.5×22 栗．ケンパス注入．ブナ注入 210×20×14	PCコンクリート 200×14.5×22 栗．ケンパス注入．ブナ注入 210×20×14	
軌道 まくらぎ 材質及び寸法 橋	栗．カプール．桧 240×20×20（18） 210×20×20（18）	栗．カプール注入．桧 240×20×20（18） 210×20×20（18）	
軌道 まくらぎ 材質及び寸法 分岐	栗．ケンパス注入．ブナ注入 220×23×14～400×23×14	栗．ケンパス注入．ブナ注入 220×23×14～400×23×14	
軌道 まくらぎ レール重量別最大敷設間隔 並	750mm	830mm	
軌道 まくらぎ レール重量別最大敷設間隔 橋	625mm	625mm	
軌道 レールの締結装置	スクリュー．ボールト．犬くぎ	スクリュー．ボールト．犬くぎ	

備考　1. 区間（駅名にて明示）　2. 運輸営業の種類（一般、旅客、貨物の別）
3. 接続方法（継目板、ガス溶接等の別）　4. 継目（相対式、相互式の別、支持、懸継

手前（片上方）が天神山No.1隧道、続いて天神山No.2隧道。　1984.11.10　天瀬－河本　P：寺田裕一

第二吉井川橋梁を渡る上り貨物列車。珍しく有蓋貨車を連結している。　　　　　　　　　1984.11.10　周匝－美作飯岡　P：寺田裕一

天神山No.1隧道（起点15,952.624 m）は、天瀬－河本間に位置し、延長40.23 m。起点15,771.57 m地点から16.7‰下り勾配となり、半径800 m右カーブ上に位置した。内壁はコンクリート。続く天神山No.2隧道（起点16,019.620 m）は、延長26.94 m。16.7‰下り勾配は続き、つかの間の直線区間に位置した。内壁はコンクリート。

■橋梁

統計報告書によると、径間91cm以上3 m 66cm未満が溝橋、径間3 m 66cm以上が橋梁と定義され、昭和52年度末の橋梁は34箇所965 m（鉄橋22箇所872 m、コンクリート橋12箇所93 m）。

金剛川橋梁（実測中心起点9,622.60 m）は、和気－本和気間に位置し、延長110.400 m。和気から築堤を上り、山陽線路跨線橋、福富架道橋に続いて差し掛かる。半径260 m右カーブの途中に位置し、12.1‰下り勾配。支間26,880 mの鋼下路鈑桁4連。1973（昭和48）年8月に架け替えられた。

第一吉井川橋梁（実測中心起点26,298.29 m）は、備前塩田－備前福田間に位置し、延長355.198 m。備前塩田

■施設一覧表　　　　　　　　　　　　　　　　　　　　　　　　　　私鉄統計年報・民鉄統計年報等から作成

| | 軌条 | | | | | 枕木 | | | | トンネル | | 橋梁 | | | | | |
| | 本線 | | | 側線 | | 並枕木 | 分岐枕木 | 橋梁枕木 | 計 | 数 | 延長 | 鉄橋 | | コンクリート | | 計 | |
	30kg/m	37kg/m	合計	30kg/m	37kg/m							数	延長	数	延長	数	延長
昭和24年度末	23,976	10,242	34,218	4,005	8,200	59,698	3,328	2,160	65,186								
昭和26年度末	13,180	21,094	34,274		13,886	62,438	3,696	2,172	68,306	3	270	24	872	4	18	28	890
昭和33年度末	602	33,710	34,312	9,301	6,682				67,838	3	270					29	1,012
昭和39年度末		34,213	34,213	5,122	11,246				69,642	3	270					29	1,036
昭和43年度末		34,312	34,312	994	14,262				68,250	3	270					29	1,036
昭和47年度末		34,312	34,312	1,990	11,595				66,330	3	270					29	910
昭和52年度末	45	36,507	36,552	1,421	10,316	61,499	3,390	1,867	66,756	3	270	22	872	12	93	34	965
平成2年度末										3	270						

| | 溝橋 | | | | | | 踏切道 | | | | | | 停車場 | 停留場 | 転轍機 | 信号機 | |
| | 鉄橋 | | コンクリート | | 計 | | 第一種 | | 第二種 | 第三種 | 第四種 | 計 | | | | 色灯式 | 腕木式 |
	数	延長	数	延長	数	延長	甲	乙									
昭和24年度末																	
昭和26年度末	35	73	36	57	71	130			6	4	294	304	13	4	108		26
昭和33年度末					69	124		5	1	5	285	296	13	4	－		－
昭和39年度末					70	127		4	1	8	134	147	13	4			36
昭和43年度末					70	127		4	1	14	118	137	11	6			
昭和47年度末					71	129	5	－	1	15	105	126	8	9		46	
昭和52年度末	8	18	68	136	76	154	17	－	1	11	85	114	9	8	99	46	
平成2年度末							27	1		15	65	108					

から半径300mで右カーブし、3.3‰上り勾配を182m進んで、吉井川左岸を離れた。全24連と最大で、橋梁区間は直線で無勾配であった。右岸に達してからは半径300m、10.0‰で下って地平に戻った。通称は塩田の鉄橋であった。

第二吉井川橋梁（実測中心起点29,570.35m）は、周匝―美作飯岡間に位置し、延長188.443m。周匝側の起点29,386.219mの地点から半径400m右カーブで吉井川右岸を離れた。全12連で、起点28,526.281m地点から直線に変わり、全体が4.2‰の下り勾配であった。左岸に達してからは半径300mの左カーブで、4.2‰下り勾配のままで美作飯岡に着いた。通称は飯岡の鉄橋であった。

■踏切道

第一種甲とは、踏切警手を配置するか、または自動遮断機を設置して、踏切道を通過するすべての列車または車輌に対し、門扉を閉じ道路を遮断するもの。昭和52年度末は17箇所、最晩年の平成2年度末は27箇所であった。

第一種乙とは、踏切警手を配置して、踏切道を通過する始発の列車から終発の列車までの時間内における列車または車輌に対し、門扉を閉じ道路を遮断するもの。昭和52年度末では0であったが、最晩年の浜踏切（片上駅構内）がそれであった。

第二種とは、踏切警手を配置して、踏切道を通過する一定時間内の列車または車輌に対し、門扉を閉じ道路を遮断するもの。昭和52年度末では、片上駅から起点側の浜町踏切道1箇所で、後に第一種乙となり、最晩年は0であった。

第三種とは、踏切警報機を設置しているもの。昭和52年度末11箇所、平成2年度末15箇所。

第四種とは、前各号以外のもので、昭和52年度末85箇所、平成2年度末65箇所。

片上駅。駅舎の改札を抜けると旅客発着ホームであった。
1986.9.20　P：寺田裕一

2、停車場・停留場 （各駅乗降客数は昭和52年度一日平均数値）

片上鉄道の停車場・停留場合計数は、杖谷停留場新設時以来17で、営業最終日まで変化がなかった。駅の新設や廃止が60年以上なかったのは極めて珍しい。戦時中に停留場の休止がなかったのは、鉱石輸送路線という重要性の証ともとれる。

昭和39年度末は停車場13・停留場4で、停留場は中山・益原・河本・杖谷のみで、全ての中間停車場が閉塞取扱の行き違い可能駅であった。各停車場は、鉱石輸送列車同士の行き違いを考慮して有効長が長く、美作飯岡が無蓋貨車22輌、本和気と清水が29輌（清水は後に延長）の車輌制限であった以外は30輌以上の車輌制限であった。閉塞方式はタブレット閉塞式で、各停車場に腕木式の場内信号機があった。旅客輸送量はそう多くなく、客車3輌編成が停車できれば良かったことから、旅客ホーム有効長は60m前後の駅が多かった。

昭和43年度末までに備前福田と美作飯岡の閉塞取扱が廃止されて停留場となり、昭和47年度末までに本和気と苦木が停留場となった。昭和47年度末に統計上3駅が停留場化されているのは周匝が該当と思われる。周匝の閉塞取扱は1972（昭和47）年9月に廃止されたものの、貨物側線は営業最終日まで残り、終始停車場であった。昭和47年度末は誤って停留場に加えられたと思われるが、翌年の届け出で停車場数9に訂正されている。昭和46・47年度にタブレット閉塞式から単線自動閉塞式（A・R・C）に変更され、信号機は腕木式から色灯式に改められた。

色灯式信号機は2位2現示が基本で、全閉塞取扱駅の場内・出発（吉ヶ原は場内のみ）信号機であったが、清水・天瀬・備前矢田・備前塩田の場内信号機は、同時進入できるよう3現示。また、見通しの悪い、片上（下り）、和気（下り）、備前矢田（上り）、備前塩田（上り）には遠方信号機が設けられた。

A・R・C化完了後は、列車運転本数が削減されても閉塞取扱駅は変わらなかった。鉱石輸送がトラック化され、貨物営業が実質終焉を迎えた時点で清水の閉塞取扱が廃止され、営業最終日の閉塞取扱駅は片上・和気・天瀬・備前矢田・備前塩田・吉ヶ原・柵原の7駅であった。

（片上・和気以外の構内配線略図は昭和52年度末のもの。破線は昭和32年8月当時の配線で、昭和52年度までに撤去された）

片上 （かたかみ）（起点281.64m）　一日平均525.2人

備前焼と耐火煉瓦製造で知られる備前市の中心市街地に位置し、駅付近に、備前郵便局や天満屋ハピータ

ウン備前店（片上鉄道廃止後に閉店）が建つなど地方都市の玄関口の様相で、駅前にいわゆる駅前食堂や雑貨店があったり、駅前から岡山方面への宇野バスが発着した。

1926（大正15）年3月20日届で、機関車庫内ドロップピットと貨物上屋新設、1927（昭和2）年3月10日届で桟橋増築、1932（昭和7）年6月8日認可で高架桟橋側線新設などの許認可記録がある。

駅舎はコンクリート製平屋で、営業最終日まで駅員が配置された。晩年の昼間待合室旅客は鉄道利用者よりバス待ち客の方が多かった。駅舎から改札を抜けた前が到着線で、そこが旅客列車発着線でもあり、ホーム有効長は86.50m。ホームの東側に機関庫線4線、気動車庫線3本、南側に側線9本と鉱石を船積みする高架線が伸び、構内最南端に片上鉄道事業所があった。ホーム中心は起点から281m離れ、構内の広大さを示した。

内燃機関車導入前の片上機関区。到着した貨物列車の姿が見える。　　　　　　　　　　　　　　　　1962.8.10　片上　P：髙井薫平

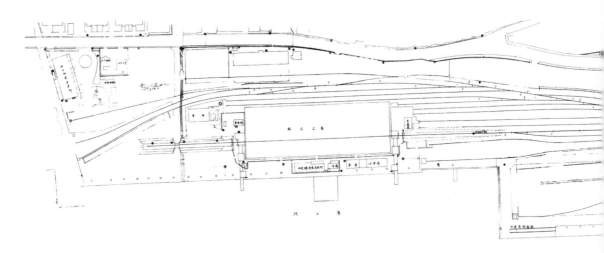

■片上停車場平面図

側線延長5,657.90m

40

片上駅。鉱石を船積みする高架線。

1986.9.20　P：寺田裕一

船積みを行うには、貨車ごと傾けて鉱石を降ろした。

1986.9.20　P：寺田裕一

清水（起点4,353.29m）　一日平均43.8人

　片上から28.6‰の連続勾配を登り、峠隧道を抜けた先に位置した。開業時は停留場であったが、列車回数の増加に伴い、柵原全通後の1931（昭和6）年12月11日認可・1932（昭和7）年3月15日竣功届で行き違い設備が新設された。

　片上～和気間では唯一の交換可能駅で、約280mの有効長を持ち旅客列車と貨物列車の行き違いが見られた。当直駅員の宿直施設を兼ねた木造駅舎を持っていたが、周辺人口は極めて少なく、乗降客数は杖谷に次いで少

なかった。A・R・C導入により1971（昭和46）年2月16日に無人駅となり、貨物廃止により1988（昭和63）年10月1日に閉塞取扱が廃止された。

清水駅。下り本線を通過する後補機付の片上行貨物列車。

1986.9.30　P：寺田裕一

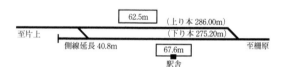

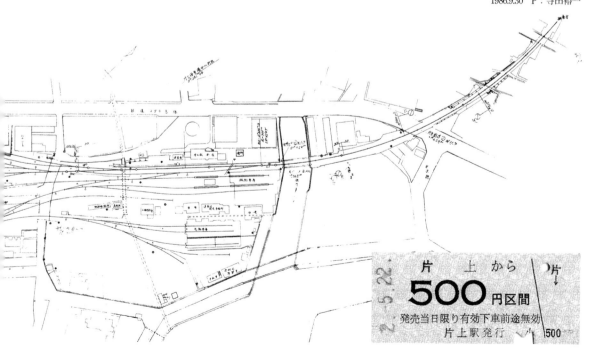

中山駅。朝陽を浴びながら上り列車が進入する。片上からの下車客はもちろん、当駅からの乗客も皆無であった。　　　1980.11.3　P：寺田裕一

中山（起点5,934.46m）一日平均157.6人

至片上　　　　　　　　53.4m　　　　　　　至柵原
　　　　　　　　　　　　駅舎

　開業時に設置され、終始発着線1本の無人停留場であった。ホーム長は53.4mと短く、20m級車輌の3輌編成はホームからはみ出た。周辺に小さな集落があって、乗降客数は意外に多く、火の見櫓がホームから見られた。中山サーキットへの最寄り駅で、沿線案内図にも記載されていたが、サーキット関連の乗降客は極めて少なかった。

中山駅。　　　　　　　　　1989.10.15　P：中元将人

和気（起点8,872.21m）一日平均1495.8人

　山陽本線接続駅で、最も乗降客数が多かった。1928（昭和3）年9月12日届で地下道新設・乗降場上屋増築・係員派出所新設、1929（昭和4）年9月30日届で給水設備増置の記録がある。

　大きな島式ホームが1本で、社線1番線下り本線と社線2番線上り本線は、山陽本線からの並びで4番線・5番線と標記され、片上方と柵原方の双方に切り欠き式の気動車発着線があった。

　山側の山陽本線との間に国鉄4番線と共同線、海側に側線6本が広がり、全盛期は絶えず貨車で構内が埋まっていた。国鉄中継貨物が多い頃は入換も見られ、常時運転取扱駅員が配置されていた。

　和気を境に乗客が入れ替わることが常で、ほとんどの列車が長時分停車した。

和気駅で行き違う列車。手前の線路止めは柵原方気動車線で昼間と
夜間の和気折り返し列車が使用した。　　1991.3.17　P：寺田裕一

■和気有効長収容車数表
（1973年6月20日現在）

線名	有効長	在来収容数	国車収容数	線名	有効長	在収容数	国車収容数
1 本線下り線	336.00			柵原方気動車線	46.30		
2・上り線	531.00			片上方気動車線	78.80	11	8
3 番線	510.00	47	34	国鉄下4番線	197.95		23
4 〃	255.00	40	28	上り4 〃	142.00		16
5 〃	215.00	32	20	共用1 〃	161.05		20
6 〃	105.00		13	〃 2 〃	70.00		7
7 〃	187.00		23	〃 3 〃	47.03		4
8 〃	150.00		18				

側線延長 2,930.25m

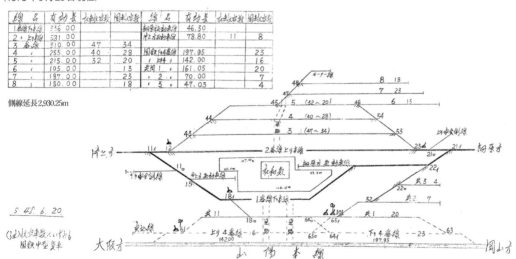

本和気（起点10,392.34m）　一日平均153.0人

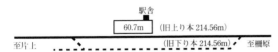

井ノ口延長から1年余り後の1924（大正13）年8月
31日に開設。和気の市街地に近いことから、地名の前
に本を冠した。開設時から停車場で、1928（昭和3）年
6月11日届で「出貨激増の為」に場内信号機設置・転
轍器・連動装置を新設。1931（昭和6）年6月16日届で
「旅客列車行違の必要」から向乗降場を新設。有効長

本和気駅。下り本線撤去の跡がみられた。　1991.2.11　P：中元将人

43

本和気から
220円区間
発売当日限り有効下車前途無効
本和気駅発行　　小　220

210mで相対式ホームを有した。

　和気から1.5kmと近いことが災いして1970（昭和45）年6月1日に貨物と閉塞の取扱いを廃止した。委託化は1971（昭和46）年2月1日、無人化は1984（昭和59）年4月1日であった。北川病院に近く、通院旅客が多かった。1984（昭和59）年2月1日までは郵便の取扱があり、その意味もあって晩年まで委託駅員が配置されていた。

益原（起点11,886.53m）　一日平均124.9人

駅舎
57.45m

至片上　　　　　　　　　　　　　　　　至柵原

　盆地が尽きて谷間に分け入る手前に位置した。井ノ口延長時に開設され、当初から発着線1本の停留場であった。工事施行計画では停車場であったが、開業直前の1923（大正12）年6月4日届で停留場に訂正された経緯を持つ。木造の駅舎を持ち、当初は駅員配置であったが、1962（昭和37）年4月1日に委託化され、1972（昭和47）年4月1日に無人化された。

益原駅。古くは駅員配置で木造駅舎を有した。
1989.8.10　P：中元将人

天瀬（起点14,819.56m）　一日平均37.4人

　吉井川左岸の谷間に位置した。本和気と同じく井ノ口延長から1年余り後の1924（大正13）年8月31日に開設。当初は発着線1本の停留場で、列車回数増に伴い1936（昭和11）年5月12日申請・6月8日認可で交換可能駅となった。有効長227mで貨車31輌編成の交換が

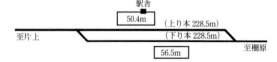

駅舎
50.4m
（上り本 228.5m）
至片上
（下り本 228.5m）
至柵原
56.5m

天瀬駅。周辺人口は少なかったが、ダイヤ設定の関係もあって最後まで交換可能駅であった。　　　　1985.11.10　P：寺田裕一

可能で、相対式ホームが千鳥状に配され、上りホーム上に駅舎があった。

　駅周辺の人口は極めて少なく、A・R・C化の完成で1971（昭和46）年10月1日に無人化され、委託駅員が配置された時期はない。

河本（起点16,593.87m）　一日平均221.2人

至片上　　　　　　　55.4m　　　　　　　至柵原

駅舎

　天神山No.1・No.2隧道を抜けた先に位置した停留場。半径360mの右カーブの途中に位置し、山側にホーム、ホーム上に駅舎を有した。

　小さな集落と山田小学校が近くにあり、比較的乗降客が多く、長らく駅員が配置されていた。委託化は1962（昭和37）年4月1日、無人化は1984（昭和59）年2月1日であった。

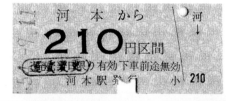

河本から
210円区間
発売当日限り有効下車前途無効
河本駅発行　　小　210

河本駅。発着線1本の停留場であったが、1984年1月末日まで委託駅員の配置があった。　　　　　1985.11.10　P：寺田裕一

備前矢田駅。下り1列車（左）と行き違う上り50列車。上りホームの学生は下り列車の乗客で、貨物列車通過後に線路側から直接1列車に乗り込んだ。
1986.9.20　P：寺田裕一

備前矢田を通過し、柵原を目指す上り50列車の最後尾。
1986.9.20　P：寺田裕一

備前矢田発の貨車を迎えに来た3列車牽引機。有蓋貨車は到着肥料の空車回送と思われる。
1979.6.17　P：寺田裕一

備前矢田（起点18,571.35m）　一日平均583.9人

　佐伯町の中心や佐伯中学校に近く、和気以北で最も乗降客が多かった。工事施行計画では矢田と称していたが、開業直前の1923（大正12）年7月23日届出で備前矢田に変更された。1928（昭和3）年10月3日届で列車運転回数増加に伴い上り遠方信号機新設、柵原全通前の1931（昭和6）年1月16日届で向乗降場新設。

　どっしりとした木造駅舎の前が下り本線、千鳥状の

　相対式ホーム前の上り本線の間に中線が、本屋片上方に貨物線と貨物ホームがあった。上りホーム柵原方構内通路脇にも勝手口のような出入口があり、郵便物輸送を行っていた頃は、その出入口に郵便局員が郵便車を横付けした。長らく駅員配置駅であったが、1986（昭和61）年11月1日に委託化され、その状態で廃線を迎えた。貨物廃止は1988（昭和63）年7月1日で、それまでは稀に発着があった。

備前矢田駅　どっしりとした木造駅舎を有し、営業廃止日まで委託駅員が勤務した。
1986.9.20　P：寺田裕一

備前矢田から　560円区間　発売当日限り有効下車前途無効　備前矢田駅発行　小　560

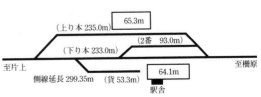

苦木駅。下り本線上に駅舎と待合室を有した。
1965.12.10　苦木　P：田尻弘行

杖谷駅。ホームと民家との境界線が判然としない名物駅であった。
1980.11.3　P：寺田裕一

苦木（にがき）（起点22,530.33m）　一日平均65.1人

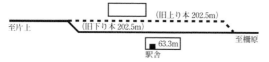

杖谷（つえたに）（起点24,485.69m）　一日平均23.9人

　天瀬とよく似た立地と経歴の駅。柵原延長時に停留
場として開設され、列車回数増に伴い1936（昭和11）
年11月26日申請・12月24日認可で交換可能駅となっ
た。有効長は202m、千鳥状の相対式ホームを有した。
天瀬と異なるのは山側の下りホーム上に駅舎があった。
A・R・C化の完成で1971（昭和46）年10月1日に無人
化、その少し前の8月25日に閉塞の取り扱いを廃止し
て停留場となり、9月23日に分岐器が撤去されていた。

　柵原延長時から5ヶ月余り後の1931（昭和6）年7
月20日に、苦木ー備前塩田間の駅間距離が長く、町村
の請願から開設された停留場。吉井川が大きく蛇行す
る付け根に位置した。民家の庭先にホームがあり、民
家とホームの境界が見た目にははっきりとしない様は
当時としても不思議な存在であった。ホーム長は34.0m
で、3輛編成はホームから1輛がはみ出た。乗降客数
は全線で最も少なく、終始駅員の配置はなかった。

交換可能の配線であった頃の苦木駅。キハ3001が停車中の上り本線は後に撤去された。
1965.12.10　P：田尻弘行

備前塩田駅。三角屋根の駅舎は1931年2月1日開業の停車場に共通した。　　　　　　　　　　　　　　1980.11.3　P：寺田裕一

1列車後尾より、備前塩田駅全景を撮影。上り本線に停車中のキハ800形は20列車柵原行。　　　　　　　1986.9.20　P：寺田裕一

備前塩田駅上りホームからみた貨物側線跡。保線用モーターカーが留置されていることが多かった。　　1985.11.10　P：寺田裕一

備前塩田（起点25,793.28m）一日平均197.0人

　柵原延長時に開設され、当初から行き違い可能の停車場であった。大きな格子窓を持つ洋風建築の駅舎に、三角形の赤い屋根が洒落ていた。有効長245.6mは無蓋貨車35輌編成が行き違い可能で、下り線側の駅舎片上方に貨物側線を有したが、晩年は保線機械が留置されていた。

　A・R・C化後も駅員が配置されていたが、1972（昭和47）年9月1日に委託化され、1984（昭和59）年2月1日廃止まで郵便の取扱があり、1984（昭和59）年4月1日に無人化された。柵原方の第一吉井川橋梁に近く、鉄道愛好家の乗降も多かった。

備前福田（起点27,442.86m）一日平均114.9人

　吉井川本流を渡り、右岸に位置した。柵原延長時に停車場として開設され、備前塩田と同様の相対式ホームと貨物側線を有し、三角屋根の駅舎は下りホーム側にあったが、有効長は215.3mと若干短かった。1967（昭和42）年6月1日の時点で閉塞取扱は廃止され、1968（昭和43）年3月1日に委託駅となった。乗降客数が少ない割には遅くまで委託駅で、無人化は1984（昭和59）年4月1日であった。

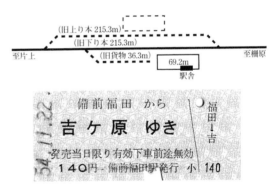

備前福田駅に停車中のキハ312.　　　　1991.3.6　P：中元将人

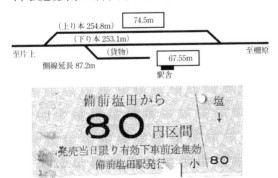

周匝駅。周辺は片上以北では最も開け、営業最終日まで委託駅員の配置があった。
1985.11.10　P：寺田裕一

美作飯岡駅。桜満開の頃。
1990.4.2　P：中元将人

周匝（すさい）（起点28,778,61m）　一日平均465.3人

至片上　　（貨物）　　　　　　（旧上り本 208.0m）　　　　至柵原
側線延長130.25m　　　　　（旧下り本 208.0m）
70.5m
駅舎

　吉井町の中心、吉井中学校に近く、備前矢田とよく似た乗降客数であった。三角屋根の駅舎は川側にあり、相対式ホームが山側にあった。駅舎の片上方には貨物側線があり、最晩年の貨物営業廃止まで貨物の発着が稀にあった。1931（昭和6）年3月30日届で貨物上屋設置の記録がある。

　A・R・C化の時点で閉塞の取り扱いは廃止されたが、乗降客が多いのと町役場に近い玄関駅であったことからその後も駅員は配置され、1973（昭和48）年10月1日に委託化、営業最終日まで委託駅であった。

　駅前からは林野方面行バスが発車し、1984（昭和59）年2月1日の鉄道郵便輸送廃止まで郵便局員が出入りした。駅前周辺は片上以外では最も開けていた。

美作飯岡（みまさかゆうか）（起点29,876.99m）　一日平均134.6人

至片上　　（旧上り本 169.1m）　　　（旧下り本 170.8m）　　　至柵原
（旧貨物 79.3m）　　　　　　105.3m
駅舎

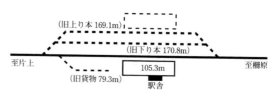

　吉井川と吉野川の合流付近で、第二吉井川橋梁を渡った先に位置した。柵原延長時に交換可能駅として開業し、下り本線側に三角屋根の駅舎と片上方に貨物側線、相対式の上りホームの間には中線があった。1931（昭和6）年3月30日届で貨物上屋設置の記録がある。1967（昭和42）年6月1日の時点で閉塞取扱は廃止され、1968（昭和43）年3月1日に委託駅となり、1971（昭和46）年6月1日に無人化された。晩年は全ての側線が撤去されて停留場となったが、旧上りホームは姿を留めていた。

吉ヶ原（きちがはら）（起点32,736.21m）　一日平均191.3人

　当線北側の拠点駅。吉井川側に三角屋根の駅舎があり、その前が1番線、島式ホームが2・3番線で、3本の発着線いずれからも、片上・柵原の双方に出発できた。側線6本と、転車台に続く機関車庫、気動車庫、駅舎柵原方に上り貨物線があり、私鉄の終端間近としては広大な構内であった。

　1936（昭和11）年6月16日届で上り場内信号機増設の記録が残る。夜間は多くの車輌が停泊し、乗務員の宿直施設があった。駅前からは津山行きバスが発着し

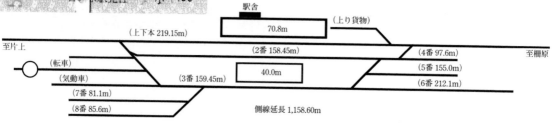

駅舎
（上り貨物）
70.8m
至片上　（上下本 219.15m）　（2番 158.45m）　（4番 97.6m）　至柵原
（転車）　（3番 159.45m）　40.0m　（5番 155.0m）
（気動車）　　　　　　　　　　（6番 212.1m）
（7番 81.1m）
（8番 85.6m）　　　　側線延長 1,158.60m

たが、乗り換え客は少なかった。営業最終日まで駅員配置駅であったが、最晩年は、昼間無人で、朝8時30分までと晩18時09分以降の車輛入換時間帯に駅員がやって来た。

柵原（起点34,052.61m）一日平均205.4人

柵原鉱業所に隣接する鉱山の駅。三角屋根の駅舎の前が旅客列車発着線、駅舎片上方にレカ線（気動車発着線）、旅客列車発着線の前に中線と鉱石積み込み線。片上方に倉線3本、さらに片上方の場内信号機の先にも側線、ホーム奥に機廻し線を有した。地形的に狭く、貨物全盛期でも操車など一部機能は吉ヶ原に分散していた。

鉱石輸送廃止後に中線は撤去され、鉱石積み込み線

吉ケ原駅。片上鉄道北側の拠点駅で、夜間は車輛と乗務員が滞泊した。　　　　　　　　　　　1979.6.14　P：寺田裕一

はレールがアスファルトで覆われ、トラックが乗り入れた。そして1988（昭和63）年1月15日には無人化され、鉱山の駅は実質、使命を終えた。

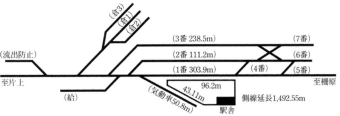

柵原駅から見た柵原鉱業所。左丘陵上に竪坑櫓がそびえる。　　　　　　　　　　　　　　　　1979.6.15　P：寺田裕一

柵原駅3番線（鉱石積み込み線）に停車中の無蓋貨車。　　　　　　　　　　　　　　　　　　1979.6.14　P：寺田裕一

柵原駅。右がレカ線、20→25列車となる気動車3輌編成が停車する1番線、3番線が鉱石積み込み線で無蓋貨車の姿が見える。　　　　　　　　　　　　　　　　　　1979.5.14　P：寺田裕一

柵原駅も三角屋根の駅舎を有し、背後の鉱業所が圧巻であった。　　　　　　　　　　　　　　1984.11.10　P：寺田裕一

吉ケ原1番線に到着した本日最終の38列車。キハ312と乗務員は吉
ケ原で滞泊して翌朝に備えた。　　1979.6.16　吉ケ原　P：寺田裕一

上巻のおわりに

　同和鉱業片上鉄道は、全長33.8kmで、営業距離は中小私鉄としては長大の部類であった。鉱石輸送が中心であったことから、終点かつ鉱石積み込み駅の柵原、起点かつ鉱石積み卸し駅の片上ともに独特の貨物関連施設を目にすることができ、機関区所在の片上、国鉄との貨車中継拠点であった和気、北の車輌停泊施設のあった吉ケ原は広大な敷地を持ち、その他の中間駅も長大な貨物列車の行き違いを考慮して長い有効長を有した。平成の大合併以前、1971（昭和46）年4月1日に市制を施行していた備前市の中心であった片上は別格として、備前矢田、周匝は佐伯、吉井両町役場に近い中心駅としての賑わいを見せ、周匝と吉ケ原で路線バスとの連絡があるなど、中小私鉄路線ではあったが国鉄亜幹線級の姿が散見できた。

　片上鉄道の特徴の一つが無蓋貨車を筆頭にした在籍車輌数の多さで、その関係もあって、本書は上下二分冊とさせていただいた。

　本巻では、沿革・自身の訪問記録と回想・施設と駅で紙数が尽き、下巻では車輌などを中心に紹介する。また、本書発行を決意した経緯と関係者への謝意、参考文献等については下巻でまとめて掲載することとし、本巻では割愛させていただくことをご了承いただきたい。

寺田裕一

1991年3月末限りでの廃止申請がなされたが、代替バスの準備不足もあって廃止日は3ケ月ずれた。余命100日余りの鉄路を走るキハ702。　　　　　　　1991.3.17　中山―清水　P：寺田裕一

山深い苦木―杖谷間を行くキハ302。譲受、自社
発注合わせて5輌が入線した国鉄キハ41000タイ
プの気動車は、戦後の旅客輸送の主力であった。
1980.11.3　P：寺田裕一

下巻のはじめに

　片上鉄道に在籍した車輌は、片上鉄道→藤田興業片上鉄道→同和鉱業片上鉄道の68年6ヶ月の間、蒸気機関車17輌、内燃機関車6輌、内燃動車13輌、客車28輌（内燃動車からの転換は除く）、貨車は有蓋貨車35輌、無蓋貨車176輌（貨車の全容は一部不解明）であった。無蓋貨車の多さは中小私鉄としては突出していた。同じ鉱石運搬鉄道であっても、国鉄連絡運輸の比重が高い場合は国鉄貨車が直通することが多く、片上鉄道は鉱石積み込みから積み卸しまでを自社線で完結

していたことから、貨車の自社所有が必要であった。

　蒸気機関車は戦後、C11・C12・C13形計7輌が鉱石列車と多客時間帯の旅客扱（混合が多かった）列車を牽引した。重量級の私鉄機関車は、北海道の運炭鉄道で多く見られたが、7輌もの輌数は、全長33.8kmの路線長と片上―清水間の連続勾配区間で重連運転の必要があったことに起因した。それを引き継いだ内燃機関車も最盛期5輌が活躍し、国鉄DD13形と同形ではあったが運転台や機関出力に独自性が見られる。

産業色の強い鉄道では、貨物牽引用の機関車が客車を牽引することが多く、内燃動車の導入は戦後、しかも昭和40年代にずれこむことが多かった。しかし、片上鉄道では柵原全通と同時の1931（昭和6）年から内燃動車を導入し活用している。これは路線長が長く、旅客需要に合わせた列車の設定が求められ、鉱石輸送と切り離す必要性が他線より強かったためと思われる。また鉱山鉄道や炭礦鉄道の多くは、昭和30～40年代に新造ディーゼルカーを購入した。鉱石輸送で潤ってい

たためか、最新鋭の新造車導入は成金趣味の香りさえ漂ったが、片上鉄道では国鉄キハ41000・07形を購入して、購入後に制御方式を近代化するといったことが多く、几帳面さと堅実さが感じ取れた。この点は同じ同和鉱業でも小坂鉄道とは好対照で、小坂鉄道との車輌交流が本格的に訪れたのは昭和50年代以降であった。

　下巻では、片上鉄道の車輌を中心に筆を運ぶこととする。

1965.12.10　和気　P：田尻弘行

車輌

開業から廃止までに在籍した車輌は、蒸気機関車17輌・内燃機関車6輌・内燃動車13輌・客車28輌（内燃動車からの転換は除く）で、貨車は有蓋貨車が最盛期20輌在籍、無蓋貨車が最盛期165輌在籍であったが、全容は解明できていない。

1、蒸気機関車

■片1形1・3

1号は1923（大正12）年1月の片上～和気間開業に備えて1922（大正11）年2月に日本車輌で新造された。設計認可1922（大正11）年11月13日、竣功12月15日。運転整備重量40.1tの1C1タンク機で、当時の地方鉄道としては大型機。大きな蒸気溜めが前、砂箱が中央の特異なスタイルであった。最大寸法は9,754×2,661×3,772mm。開業時の機関車は他に2号機があったが、和気～井ノ口間開業後の1924（大正13）年1月18日に申請された増備機3号は1号と同形であった。

両機とも戦後まで活躍したが、C11-101入線に前後して1号は1947（昭和22）年5月5日、3号は1947（昭和22）年6月23日届で土佐交通（後の土佐電気鉄道安芸線）に譲渡。土佐201・202として1951（昭和26）年3月24日に廃車となるまで活躍した。

■片2形2

1922（大正11）年12月独Koppel製の1B1タンク機。運転整備重量32t、最大寸法は8,811×2,406×3,578mm。片1形や片4形といった1C1タイプの40t機に比べると牽引力不足は否めず、1941（昭和16）年2月13日から3月19日まで長門鉄道に貸し出された。

1945（昭和20）年3月から休車扱いとなり、1947（昭和22）年7月30日届で長岡鉄道（後の越後交通長岡線）に譲渡。長岡7号となって1952（昭和27）年4月16日に廃車となるまで活躍した。

■片4形4～6・8・9

この5輌はいずれも1893・94（明治26・27）年米Baldwin製で、40tクラスの1C1タンク機。最大寸法は10,033×2,680×3,622mm。勾配区間での貨物牽引に適し、筑豊鉄道（初代）・播但鉄道・豊州鉄道（初代）・山陽鉄道に計24輌が導入されたが、1906・07（明治39・40）年の鉄道国有化によって全機が国有鉄道に集結し3300形となった。

4号は1893（明治26）年製で、播但鉄道L1形4として誕生。播但鉄道が山陽鉄道に売却されると6形34、山陽鉄道の国有化（1906年12月1日）で3300形3302となり、1927（昭和2）年4月21日譲受認可、6月2日竣功届で片上4号となった。

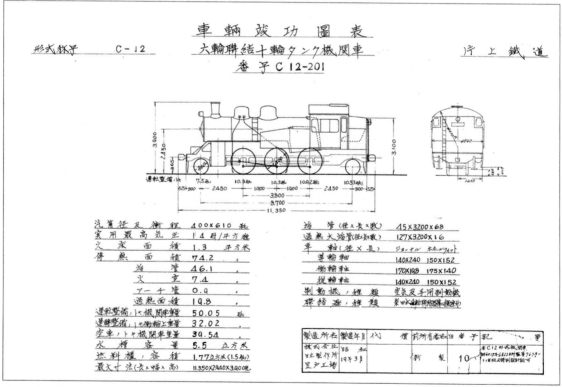

C12-201竣功図

C11-202。大井川鉄道C12 1として誕生し、同鉄道の電化により当線に転じた。　　　　　　　　　　1962.8.10　片上　P：高井薫平

　5・6号は1893・94（明治26・27）年製で、筑豊興業鉄道（1894年8月15日に筑豊鉄道に改称）10・19号として誕生した。筑豊鉄道が1897（明治30）年10月1日九州鉄道（初代）に合併されると73形80・89となり、九州鉄道の国有化（1907年7月1日）で3300形3308・3316に。鉄道省3308は1928（昭和3）年5月3日届で片上5号として竣功。3315は1932（昭和7）年6月15日機車増備届で片上6となった。

　8・9号は1893・94（明治26・27）年製で、筑豊11・17号として誕生。九州73形81・87を経て国有化で3300形3309・3313となったのは5・6号と同じ経緯だが、1927（昭和2）年に佐久鉄道へ払い下げられて3302・3301となった。その後、1934（昭和9）年9月1日に佐久鉄道も買収され、再度鉄道省3309・3313に。3309・3313の払下げを受けた片上鉄道は、1935（昭和10）年12月9日機車増備届で8・9とした。

　これら鉄道省から入線した旧3300形5輌は、8が1944（昭和19）年11月23日から翌年1月31日まで船木鉄道に貸し出されたものの、戦前、戦中、戦後に鉱石輸送機として活躍した。しかし戦後に50t級機が揃うと活躍の場を失い、5号は1949（昭和24）年11月11日付で鉄道車輌工業に譲渡（三菱芦別5号となる）、4・6号は1951（昭和26）年6月28日、8号は1953（昭和28）年5月28日、9号は1955（昭和30）年6月3日にそれぞれ廃車となった。

■片7形7

　1898（明治31）年米Baldwin製の1C1タンク機で、運転整備重量は46.94t。最大寸法は10,357×2,464×3,760mm。北海道炭礦鉄道j形（後のチ形）47〜49の内の48として誕生し、1906（明治39）年10月1日の国有化で3060形3060〜3062のうちの3061となった。

　1926（大正15）年に北海道から本州に転属となり、足尾線での活躍を経て、1934（昭和9）年3月13日機関車増備申請、3月26日認可で片上鉄道7となった。入線順に付番された番号であったが、同じBaldwin製1C1タンク機でも片4形より牽引定数が大きく、別形式となった。

　1951（昭和26）年5月29日譲渡届で岡山臨港鉄道に転じ7号となったが、あまり使用されることなく廃車となった。

■片10形10（C12-201）

　増大する鉱石輸送に対応すべく、1943（昭和18）年6月22日認可及び特別設計認可で鉄道省C12形と同形機を日立製作所で新造した。戦雲が急を告げる中、資材不足から新造機の発注が困難であった時代の認可は、鉱石輸送の重要性が認識されていた証と思われる。使用開始は1944（昭和19）年3月15日、運転整備重量50.05t、動輪径1400mm、最大寸法は11,350×2,940×3,900mm。従来機の連番で10を名乗った。

1950（昭和25）年4月20日にC12-201となったが、同年に大井川鉄道より購入したC12-202は地方鉄道設計定規を超えない寸法であったことから、最大寸法が異なる。1968（昭和43）年10月29日に廃車となるまで活躍した。

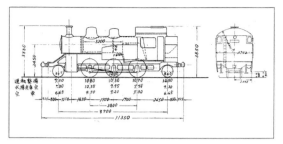

C12-202竣功図　　　　　　　　　　所蔵：寺田裕一

■片11形11

1943（昭和18）年日立製作所製のBタンク機。海軍光工廠7号を1946（昭和21）年6月に譲り受けた。現車は1947（昭和22）年3月30日に多度津工機部より到着したといわれ、1949（昭和24）年8月16日認可で11号となったが、ほとんど使用されなかった。運転整備重量25t、動輪径1000mm、最大寸法7,268×2,600×3,500mmの小型機で、本線使用には不向きで、どのような目的で購入したのかは不明。

片上では1951（昭和26）年7月31日に廃車となったが、本田産業（大阪市）を経て川崎製鉄千葉製鉄所NUS1として1966（昭和41）年12月1日に廃車となるまで生き延びたという。

■片100形101（C11-101）・C11-102・C11-103

戦時中に酷使した在来機の置き換えを目的に国鉄C11形と同形機の新造を行った。

国鉄C11形は1932（昭和7）年に誕生、以降1947

（昭和22）年までに381輛が汽車製造、川崎車輛、日立製作所、日本車輛で製造され、主に西日本の都市近郊や主要支線区で使用された。民間にも11社20輛が納入された。

片上鉄道101は1947（昭和22）年5月、日本車輛製。1948（昭和23）年6月7日車輛設計及び特別設計認可、6月22日竣功届で使用を開始した。当初は片101形101を名乗ったが、ほどなくC11-101に改められた。

C11-102と103は川崎車輛製で、1949（昭和24）年11月と12月製、認可は1950（昭和25）年2月3日と6月17日、竣功届は2月17日と7月7日であった。C11-102の1949（昭和24）年10月4日付申請書類の理由には「現有9輛に加え国鉄より4110形借入。6輛は省払下げの50年以上経年した老朽小型機につき…」と記され、Eタンク機借入期間があったことを示す。

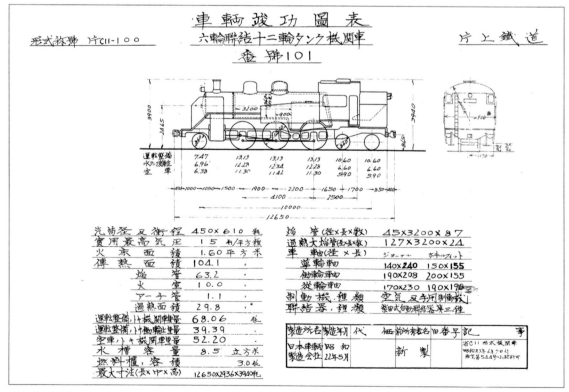

C11-101竣功図　　　　　　　　　　所蔵：寺田裕一

整備運転重量68.06 t 、動輪径1520mmと当線では最
強力機で、鉱石列車牽引の主力機であった。最大寸法
は12,650×2,936×3,940mm。

廃車はC11-102と103が1968（昭和43）年4月1日、
C12-201とともに最後まで予備機に残っていた101も
1968（昭和43）年10月29日に廃車となった。

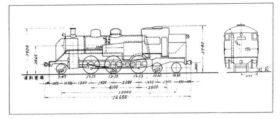

C11-102竣功図 　　　　　　　　　　　　所蔵：寺田裕一

■C12形C12-202

1935（昭和10）年12月に大井川鉄道C121として誕生。
日本車輌製で、地方鉄道車輌定規を超えない設計。最
大寸法は11,350×2,742×3,880mm。

大井川鉄道では戦後の燃料不足から1949（昭和24）
年12月1日に1500V電化を行い、余剰となった蒸気機
関車の売却先を探していた。

片上鉄道は1950（昭和25）年5月2日譲受認可申請、
7月25日認可、8月8日竣功届でC12-202とし、50万
円で購入。入線の際に除煙板の取り付けがなされた。
C13形に続いて1966（昭和41）年10月1日付で廃車。

■C13形C13-50・C13-51

1944（昭和19）年2月に日本車輌が石原産業向けに製
造したテンダ機が前身。石原産業は中国南部の海南島
で燐鉱石の開発を行い、その運搬用機関車として計画
された。戦局の悪化からタイトな設計スケジュールと
なり、樺太庁鉄道60形の図面を基本にしたとされる。
6輌が製造されたが1輌は日本車輌の入換車となり、
残りは石原産業に引き取られSL391～395となったも
のの、この頃になると海南島への輸送航路が途絶え、
3輌が石原産業四日市専用線で貨物・工具輸送に使用
された。

戦後、近畿日本鉄道が難波営業局（旧南海鉄道）の
高野線用として391～393を購入してC10001～10003と
した。1947（昭和22）年6月1日の旧南海鉄道線譲渡時
にC10002・10003は南海電気鉄道に移り、貨物牽引を
行った。

この機関車に目をつけたのが機関車不足に悩んでい
た片上鉄道で、1949（昭和24）年9月、当時安治川口に
あった汽車製造大阪製作所に持ち込まれ、11月にテン
ダ機からタンク機に改造が行われた。そして1950（昭
和25）年4月13日譲受使用認可でC13-50とC13-51と

C11-103。C11形は3輌在籍し、101は日本車輌製、102と103は川崎車輌製であった。　　　　　　　　1962.8.10　片上　P：髙井薫平

なり、本線鉱石列車牽引機となった。運転整備重量60.6
t、動輪径1250mm、最大寸法12,200×2,740×3,672mm。

DD13形の登場でまっ先にお役御免となり、1966（昭
和41）年5月14日に廃車。

2、内燃機関車

■ＤＤ45形ＤＤ451

1959（昭和34）年7月新三菱重工業三原製作所製の
45ｔ機。1959（昭和34）年7月11日設計認可で、機関

C13-50。中国南部の海南島向けに製造されたテンダ機がその前身。南海の貨物牽引機などを経てタンク機改造のうえ入線した。
1966.4.29　片上　Ｐ：伊賀正孝

C13-51。すでに休車となり、偏心棒も外されている。この後、1966年5月11日にC12-202の牽引でさよなら運転が行われた。
1965.12.10　片上　Ｐ：田尻弘行

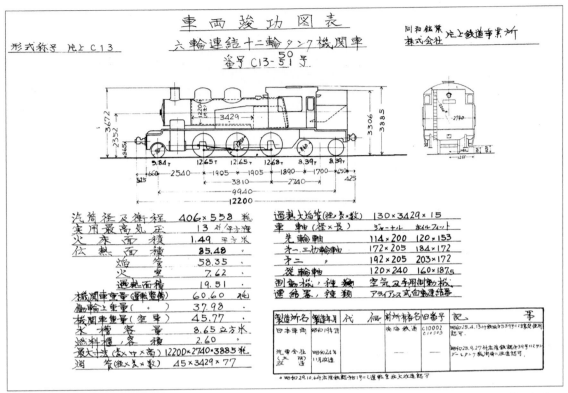

車両竣功図表

形式称号 片上 C13

六輪連結十二輪タンク機関車

釜号 C13-$\frac{50}{51}$号

同和鉱業株式会社 片上鉄道事業所

汽筒径及衝程	406×558 粍
実用最高気圧	13 瓩/平方糎
火床面積	1.49 平方米
伝熱面積	85.48 〃
煙管	58.35 〃
火室	7.62 〃
過熱面積	19.51 〃
機関車重量(運転整備)	60.60 瓲
動輪上重量(〃)	37.98 〃
機関車重量(空車)	45.77 〃
水槽容量	8.65 立方米
燃料槽容積	2.60 〃
最大寸法(長×巾×高)	12200×2740×3885 粍
煙管(径×長×数)	45×3429×77

過熱大煙管(径×長×数)	130×3429×15
車軸(径×長)	ジャーナル ホイルフィット
先輪軸	114×200 120×153
第一、第二動輪軸	172×205 184×172
第三	192×205 203×172
従輪軸	120×240 160×187.5
制動機、種類	空気又手用制動機
連結器、種類	アライアンス式自動連結器

製造所名	製造年月	代	価	前所有者名	旧番号	記 事
日本車輌	昭和19年7月			南海鉄道	C10002 C10003	昭40.25.4.13付近畿第5399でC13車改造使用認可
汽車会社(大阪)	昭和24年11月改造					昭和25.9.27付北陸鉄道第39号12ミテンダーとタンク機関に改造認可

*昭和29.10.6付北陸鉄道第31号にて運転室拡火改造認可

C13竣功図　　　　　　　　　　　　　　　　　　　　　　　所蔵：寺田裕一

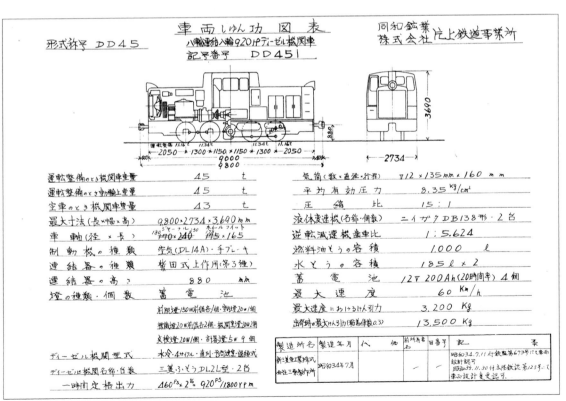

車両しゅん功図表

形式称号 DD45

八輪連結八輪920HPディーゼル機関車

記号番号 DD451

同和鉱業株式会社 片上鉄道事業所

運転整備のとき機関車重量	45	t
運転整備のとき動輪上重量	45	t
空車のとき機関車重量	43	t
最大寸法(長×幅×高)	9800×2734×3690	mm
車軸(径×長)	ジャーナル ホイルフィット 184 240 145×165	
制動機の種類	空気(DL14A)・手ブレーキ	
連結器の種類	柴田式上作用(第3種)	
連結器の高さ	880	mm
燈の種類・個数	蓄電池	
	前照燈150W前後各1個・室内燈20W1個	
	標識燈20W前後各2個・機関室燈20W2個	
	点検燈20W1個・計器燈5W9個	
ディーゼル機関型式	水冷・4サイクル・直列・予燃焼室・過給式	
ディーゼル機関名称・台数	三菱ふそうDL2L型・2台	
一時間定格出力	460PS×2台 920PS/1800rpm	

気筒(数×直径・行程)	V12×135mm×160	mm
平均有効圧力	8.35	kg/cm²
圧縮比	15 : 1	
液体変速機(名称・個数)	ニイガタDB138形・2台	
逆転減速機歯車比	1:5.624	
燃料油そうの容積	1000	l
水そうの容積	185l×2	
蓄電池	12V 200Ah(20時間率)4個	
最大速度	60	Km/h
最大速度におけるけん引力	3,200	Kg
出発時の最大けん引力(粘着係数0.3)	13,500	Kg

製造所名	製造年月	代	価	前所有者名	旧番号	記 事
新三菱重工業株式会社三原製作所	昭和34年7月			—	—	昭和34.7.11付鉄監第673号にて車両設計認可 昭和35.11.30付北陸鉄道第123号にて車両設計変更認可

DD451竣功図　　　　　　　　　　　　　　　　　　　　　　　所蔵：寺田裕一

は三菱ふそうＤＬ２Ｌ型460ＰＳ×２、トルコンＤＢ138形付きだが、４軸ロッド駆動という珍車。鉱石列車牽引機内燃化の試験車的色彩が強く、1959（昭和34）年８月１日から翌年７月30日までが最初の借入期間であった。

車軸焼が多発したことから1960（昭和35）年11月30日設計変更認可で車軸のジャーナルとホイールフィットを改めて、1961（昭和36）年３月10日から２度目の借用が始まった。しかし故障が多く、正式購入には至らず、1962（昭和37）年３月31日に２度目の借用を終了した。

その後当機は1964（昭和39）年１月に鹿島参宮鉄道が購入したが大して活躍できず、1974（昭和49）年12月23日に廃車となった（RM LIBRARY106『鹿島鉄道』参照）。

柵原駅でのDD451。試作機的な要素が強かった当機が活躍をしていたことを示す貴重な写真。
写真提供：中元将人

■DD13形DD13 - 551〜556（554は欠）

蒸気機関車を置き換えるため、1965（昭和40）年７月にＤＤ13 - 551・552、1967（昭和42）年10月に553・555、1968（昭和43）年９月に556を日本車輌で新造した。車体幅等が地方鉄道車輛定規を超えることから特別設計許可申請を行い、1965（昭和40）年８月13日認可及び特別設計認可。1967（昭和42）年10月12日と1968（昭和43）年９月10日増備認可の扱いで５輌が揃った。この時点で蒸機は全廃された。

国鉄で実績のあるＤＤ13形の採用となり、外観は国鉄機によく似ているが、勾配区間で長大な鉱石列車を牽引するため、過給機及びインタークーラー付き機関として100ＰＳパワーアップの600ＰＳとして、減速歯車比を大きくしている。運転台は国鉄機の横掛1箇所から前後2箇所とし、燃料タンクは国鉄機より小さい。また、553以降はラジエータ部分が延びた分だけ80mm全長が長い。なお、貨物列車の認可最高速度は55km/hであった。

鉱石輸送が減少すると、1978（昭和53）年５月15日付で556が小坂鉄道に転じ、貨物全廃（1988年７月１日）前後に555と553が廃車。朝夕１本ずつの客車牽引が唯一の仕事となり、最長老の551と552が最後まで活躍した。小坂鉄道に転じた556は車番変更もなく、同鉄道廃止まで車籍が残っていた。

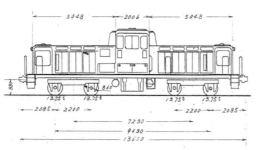

DD13竣功図

所蔵：寺田裕一

DD13 - 551。蒸気機関車を置き換える目的で登場。本機は営業最終日の最終客車列車を牽引した。 　　　　1991.3.17　和気　P：寺田裕一

DD13 - 553。　　　　　　　　　　1974.5.10　P：寺田裕一

DD13 - 555。　　　　　　　　　　1986.9.20　片上　P：寺田裕一

DD13 - 556。1968年製で最終増備機であったが、1978年5月に小坂鉄道に転じた。 　　　　1970.10.11　片上　P：髙井薫平

キハ3003。戦後に譲り受けたガソリンカーのトップナンバー。1956年にDMF13に換装された。1967年にキハ301に改番の後、1974年に別府鉄道に転じ、キハ101となった。

1962.8.10　和気　Ｐ：髙井薫平

3、内燃動車

■キハ101形101・102

　1931（昭和6）年2月1日の柵原全通に合わせて日本車輌で2輌を新造した。車体幅2200mmの両荷台付きの小型ボギー車で、最大寸法は11,420×2,640×3,435ｍｍ、機関はウォーケシャ6ＭＫ（68ＰＳ）。

　キハ101は1939（昭和14）年4月22日に薪ガス発生炉取付の申請記録があるが後に取り下げ、1945（昭和20）年5月から1年間、三菱重工専用鉄道（現・水島臨海鉄道）に貸与ののち、1950（昭和25）年9月27日から1952（昭和27）年8月22日までは木炭ガス発生炉が取り付けられた記録がある。1955（昭和30）年3月31日認可で同じ藤田興業の小坂鉄道に転じ、1067mm改軌後の花岡線でキハ1001となった（機関は旧キハ120のものに換装）。小坂では1961（昭和36）年3月1日の廃車まで車籍があった。

　キハ102は、1946（昭和21）年4月8日付で機関・手荷物室を撤去してフハ102となり、1951（昭和26）年11月23日から1954（昭和29）年9月11日まで開業直後の岡山臨港鉄道に貸し出され、1955（昭和30）年2月8日に和歌山鉄道（現・和歌山電鐵）に転じてクハ802となった。譲渡先では南海貴志川線となった後の1966

（昭和41）年10月26日付けで廃車となった。

■キハ111形111

　キハ101形に続いて1931（昭和6）年6月19日認可で増備された。窓配置や機関に変更はないが、両端の荷台が150mmずつ伸びて全長が11,720mmとなった。1943（昭和18）年1月19日認可で木炭・石炭・コーライト兼用炉を装着、竣功監査では片上～和気間を混合列車の時分で無事走破したという。

　1948（昭和23）年3月12日認可で多度津工機部にて台枠強化などの改造を受けて客車化してフハ111に。1954（昭和29）年9月1日に岡山臨港鉄道に転じてフハ301となり1968（昭和43）年1月に廃車となるまで車籍があった。

■キハ120形120

　キハ111の増備から5年後の1936（昭和11）年8月21日設計認可で加藤車輌にて新造された。機関はウォーケシャ6-ＳＲＬ（78ＰＳ）に出力アップした。車体は妻面がきついＲのついた3枚窓、運転台に日除け庇がついた特異なスタイルで、側面は2段窓。戦時中の代燃装置取り付けと戦後にフハ120となった。届出日は

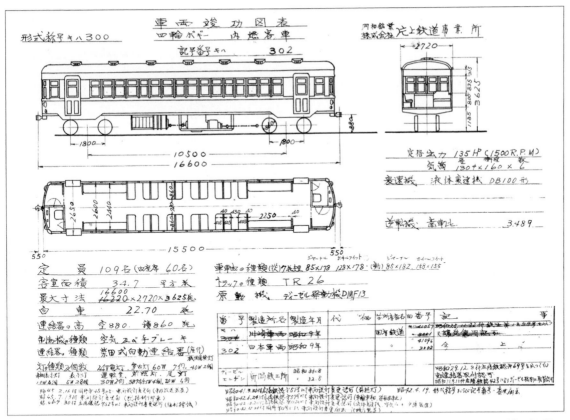

車輌竣功図表
形式称号 キハ300
四輪ボギー　内燃客車
記号番号 キハ　　302
同和鉱業株式会社 片上鉄道事業所

定格出力 135HP (1500R.P.M)
気筒　　130×160×6
変速機　液体変速機 DB100形
逆転機　歯車比　　　3.489

定員　　109名（内座席60名）
容室面積　34.7　平方米
最大寸法　16600（16220×2720×3625粍）
自重　　22.70 瓲
連結器の高　空880　積860 粍
制動機の種類　空気ス〆チブレーキ
連結器の種類　柴田式自動連結器（密連）

軸受の種類（従）7先型 85×178　128×178・（動）85×182・158×155
トラックの種類　TR 26
原動機　ディーゼル発動機DMF13

番号	製造所名	製造年月	代	価	当所着車名	旧番号	記　　事
キハ301	川崎車輌	昭和9年			回腸鉄道	41057・3001	
302	日本車輌	昭和9年				41096・3002	全

キハ302竣功図　　　　　　　　　　　　　　　　　　　所蔵：寺田裕一

キハニ111→フハ111と同様。

1955（昭和30）年2月8日付でフハ102と共に和歌山鉄道に転じてクハ803となり、1969（昭和44）年8月10日廃車まで活躍した。

■キハ300形301〜305（304欠）・311・312

1950（昭和25）年11月12日譲受使用認可でキハ3001・3002（国鉄キハ41057・41096：1934年川崎車輌製と日本車輌製）、1952（昭和27）年10月25日増備認可でキハ3003（国鉄キハ41071：1934年川崎車輌製）が登場。3001・3002は入線時に富士車輌で木炭ガス発生炉を取り付け（1952年8月22日撤去）、3001〜3003は1956（昭和31）年9月11日付でGMF-13からDMF13（135PS）に換装されてデーゼルカーとなった。

キハ3004・3005は1953（昭和28）年6月宇都宮車輌製。キハ3001〜3003の増備扱いで、1953（昭和28）年6月23日付増加認可であったが、オリジナルの新造車で、張り上げ屋根、正面2枚窓でステップから下がった裾が前面まで伸び、独特なスタイル。国内最後の新造ガソリンカーでもあった。

キハ3006は1935（昭和10）年川崎車輌製のキハ41104→41564→41432→05 33で、1959（昭和34）年6月2日

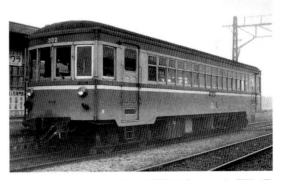

キハ302。前照灯が窓下2灯となり雰囲気が変わったが、側面は原形を留めていた。　　　　　　　1980.11.3　和気　P：寺田裕一

譲受使用認可で入線した。機関はDA55（100PS）であったものを、1961（昭和36）年2月20日付でDMF13に換装を行い、他車と機関を共通化している。

3001〜3006は1967（昭和42）年4月19日付で改番された。形式と車番が1桁減、自社発注車の別番号化、忌み番号排除を行い、3001〜3003→301〜303、3004・3005→311・312、3006→305となった。それに前後して、1964（昭和39）年3月28日に303、同年9月28日に311がロングシート化、1966（昭和41）年3月30日付で全車の前照灯をシールドビーム窓下2灯化、1967〜69

キハ3004。宇都宮車輛製の新造車で、張り上げ屋根、正面2枚窓の独特なスタイル。1967年の改番でキハ311となった。

1962.8.10　片上　P：髙井薫平

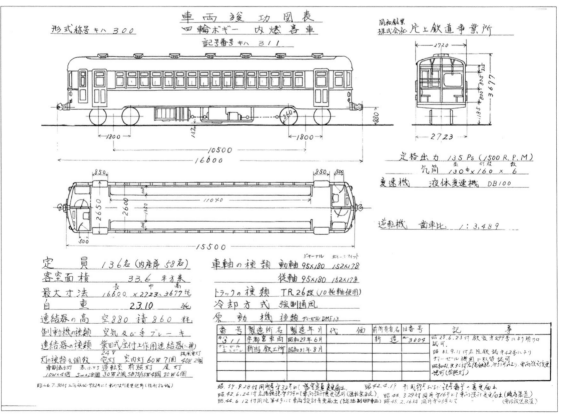

キハ311竣功図

所蔵：寺田裕一

キハ312。最晩年の正面車番標記は窓上中央から前照灯下に移っていた。 1984.11.10 片上 P：寺田裕一

（昭和42〜44）年に変速機液体化・ドアエンジン取付、1969〜70（昭和44〜45）年に総括制御化、1970（昭和45）年2月16日付で車内放送取付、1971（昭和46）年7月30日付で尾灯2灯化などの改造を行って最晩年の姿となった。

なお、変速機液体化・ドアエンジン取付と総括制御化は、301・302が1967（昭和42）年10月20日と1970（昭和45）年7月13日、303が1968（昭和43）年11月21日と1970（昭和45）年7月13日、305が1968（昭和43）年11月21日と1969（昭和44）年9月10日、311は変速機液体化・ドアエンジン取付と総括制御化が同時で1969（昭和44）年6月12日、312も同様で1967（昭和42）年10月20日であった。

301は1974（昭和49）年1月14日廃車、同年4月2日使用認可で別府鉄道に転じている。302・305は1981（昭和56）年8月廃車。311も1985（昭和60）年に廃車となり、303と312が最後まで残った。

■キハ700形701〜703

国鉄キハ07形3輌を譲り受け1967（昭和42）年10月12日付認可及び特別設計認可でキハ701〜703とした。旧番はキハ701から順にキハ07 4・5・8。

キハ702。元国鉄キハ075を1967年10月に譲り受けた。前照灯2灯化で洗練された正面となった。 1986.9.20 和気 P：寺田裕一

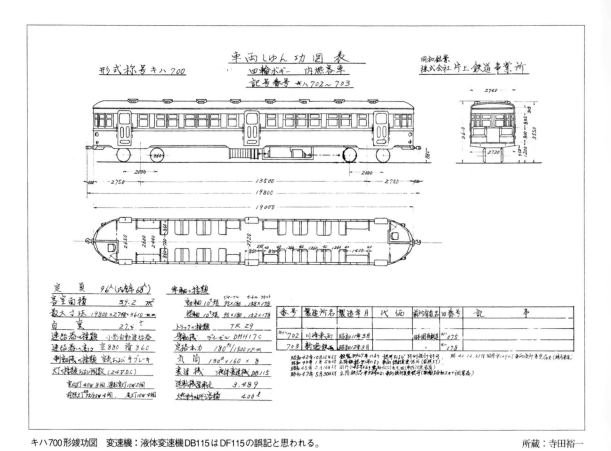

キハ700形竣功図　変速機：液体変速機DB115はDF115の誤記と思われる。　　　　　　　　　　　所蔵：寺田裕一

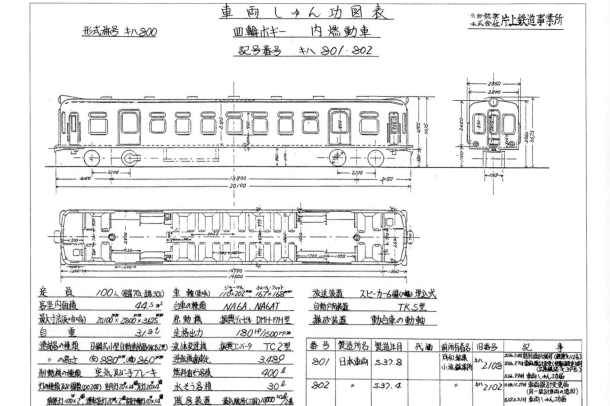

キハ800形竣功図　　　　　　　　　　　　　　　　　　　　　　　　　　　　　　　　　　　所蔵：寺田裕一

キハ802。1962年日本車輌製の同和鉱業小坂鉄道キハ2102が1983年に転じてきた。　　　　　　　　　　　　　　　1986.9.20　和気　P：寺田裕一

キハ07 4は1936（昭和11）年3月日本車輌製のキハ42013→42503。一方、キハ07 5は1936（昭和11）年3月日本車輌製のキハ42014→42504。ただし、42014は1936（昭和11）年3月川崎車輌製の42029と振り変わっていたことから片上鉄道のキハ702の竣功図には川崎車輌製と記されていた。キハ07 8は1937（昭和12）年3月新潟鉄工所製のキハ42046→42507。

キハ701と702は国鉄時代に、キハ703は片上入線時にDF115形液体変速機を搭載した総括制御可能車で、1968（昭和43）年1月5日認可でシールドビーム窓下2灯化がなされた。

701の片上鉄道での在籍は6年程度で、1972（昭和47）年11月15認可で水島臨海鉄道に転じてキハ321となり1980年に廃車。703は1981（昭和56）年8月に廃車。702だけが営業最終日まで活躍した。

■キハ800形801・802

小坂鉄道キハ2108を1981（昭和56）年9月7日車輌設計変更（使用区間変更）認可、1981（昭和56）年9月9日竣功届でキハ801に、続いてキハ2102を1983（昭和58）年12月27日（同一設計車輌の増加）認可、1984（昭和59）年3月31日竣功届でキハ802とした。最晩年のエースで、営業最終日まで活躍。側面窓下の「KOSAKA」の標記は「DOWA」に改められたが、晩年の801はその文字も消されていた。

小坂鉄道キハ2100形は、振興DMH－17H機関（180ps）、変速機TC－2を備えた全長20m両運転台の液

体式気動車で、機械式気動車が幅を利かせていた登場当時は目を奪われる存在であった。1962（昭和37）年10月1日の小坂線1067mm改軌に合わせて1962（昭和37）年4月に2101・2102、続いて同年8月に2103～2105を日本車輌で新造、1967（昭和42）年11月に2106・2107が増備された。2104は忌み番号を嫌う風習から2輌増備の際に2108に改番されている。

4、客車

■ロハ1・2

開業に際し1922（大正11）年11月4日購入認可で1898（明治31）年三田工場製の木製2軸客車である鉄道省ロハ296・297を譲り受けロハ1・2とした。定員は2等12人、3等20人であったが、1927（昭和2）年2月3日に2等運賃が廃止され、モノクラス化されている。ただし称号変更は1938（昭和13）年9月17日で、ハ1・6に改番された。ハ1は1949（昭和24）年10月11日付でハフ52に、ハ6は1949（昭和24）年8月12日にフハ21形22に改番され、さらにフハ22は1952（昭和27）年4月1日にトム1561（後の561）となった。

■ハ11・12

1922（大正11）年12月13日認可申請で1883（明治17）年神戸工場製の木製2軸客車、鉄道省ハ2091・2092を譲り受けた。1923（大正12）年2月12日竣功届には旧番ハ1・2の記載がある。1935（昭和10）年8月29日認可で手ブレーキが取り付けられてフハ26・25に。フハ26は

戦後、1952（昭和27）年4月1日届出でトム1562（後に562）に改造、またフハ25は1949（昭和24）年10月11日にハフ51となった。

■ハ5・フハ15・フハ21

井ノ口延長後の1924（大正13）年1月に南海鉄道から木造2軸客車3輌を譲り受け口5（後にハ5）・フハ15・フハ21とした。3輌はいずれも旧高野鉄道の客車で、ハ5は1897（明治30）年日本車輌製ロ十形ろ6、フハ15は1898（明治31）年井上工場製甲九形ロブ7、フハ21は1897（明治30）年井上工場製甲八形ロブ8が前身。

ハ5は、戦後1949（昭和24）年8月12日に手ブレーキを新設してフハ15形20となり、1952（昭和27）年2月16日届出でトム1559（後の559）に。フハ15は1951（昭和26）年10月16日届出でトム1555（後の555）に。フハ21は1951（昭和26）年9月休車、1952（昭和27）年4月1日届出でトム1560（後の560）となった。

■ハニブ1・2

1890（明治23）年山陽鉄道兵庫工場製の緩急車であった鉄道省ヨ389・508を1937（昭和12）年7月31日車種変更及びブレーキ取り付け認可で譲り受けてハニブ1・2とした。旅客定員は僅か10人で、荷重2.0tの荷物室、車掌室の合造車であった。ハニブ1は1944（昭和19）年1月11日河本－備前矢田間追突事故で車体を破損したことから1946（昭和21）年5月6日廃車。ハニブ2は1951（昭和26）年7月～9月まで岡山臨港鉄道に貸与ののち1952（昭和27）年8月21日認可でワフ2となった。ワフ2としての活躍期間は結構長く、廃車は1969（昭和44）年3月であった。

■フハ30・31

1927（昭和2）年9月東洋車輌製の小野田鉄道ハフ2・3を1939（昭和14）年9月14日譲受認可でフハ30・31とした。両端デッキ付き、車内はロングシートで定員50（座席30）人。

フハ30は1950（昭和25）年8月、フハ31は1950（昭和25）年6月に水野造船宮島工場で車体改造が行われ、称号がフハからハフに。ハフ30は1961（昭和36）年7月27日届出でワフ16（1963年6月7日竣功でニフ16）、ハフ31は1965（昭和40）年8月6日届出でニフ17に変更された。ニフ17は1973（昭和48）年3月30日に廃車となったが、ニフ16は1973（昭和48）年3月30日に再度ワフ16となり、1976（昭和51）年3月廃車まで活躍した。

ハフ31。1927年9月東洋車輌製の小野田鉄道ハフ3を1939年に譲り受けフハ31とした。1950年6月に水野造船宮島工場で改造がなされハフ31となった。

1958.9.13　片上　P：久保　敏

ニフ18。1923年平岡工場製ハフ1500形が前身で、フハ32→ハフ32→ニフ18→ワフ17と改番を繰り返した。　1970.10.11　片上　P：髙井薫平

■フハ16　ハ2・3→フハ18・19

フハ16は、戦後の混乱期に国鉄から借り入れ使用していた木造単車フハ72（1899年平岡工場製）を1947（昭和22）年9月11日付で譲り受けた。客車としての活躍期間は短く1951（昭和26）年10月16日届出でトム1556（後の556）に変更された。

ハ2・3は、戦後の混乱期に国鉄から借り入れ使用していた木造単車ハ62・65（製造年・製造所不明）を1947（昭和22）年9月11日付で譲り受けた。1949（昭和24）年8月12日認可で手ブレーキの取り付けが行われてフハ18・19に。

2輌とも客車としての使用期間は極めて短く、フハ18は1951（昭和26）年10月16日届出でトム1557（後の557）に、フハ19は1952（昭和27）年2月16日付でトム1558（後の558）となった。

■ハ4→ハフ33　フハ32→ハフ32

ハ4は、戦後の混乱期に国鉄から借り入れ使用していた木造単車ハ1153（1923年東洋車輌製）を1947（昭和22）年9月11日付で譲り受けたもので、1949（昭和24）年8月12日認可で手ブレーキを取り付けてフハ33となった。

フハ32は、戦後の混乱期の1947（昭和22）年8月に国鉄から借り入れ使用していた木造単車ハフ1500（1923年平岡工場製）を1949（昭和24）年5月6日付で譲り

受けた。

この2輌はデッキ付きの客車で、1950（昭和25）年4月と3月に水野造船宮島工場で車体改造がなされハフ30形33・32となった。

ハフ32は1966（昭和41）年1月17日届出でニフ18、ハフ33はワフ15（1960年6月1日届出）を経て1963（昭和38）年6月20日竣功でニフ15となった。さらに1973（昭和48）年3月30日に2輌ともワフに改造され、ニフ18はワフ17に改番。ワフとなった2輌は、1976（昭和51）年3月に廃車となるまで活躍した。

■ハニフ5・6・7

戦後混乱期の緩急車不足から1947（昭和22）年8月1日付で国鉄ユニ3902・3905・3906を借り入れたが、3902・3905は状態が良くなく3900・3903に変更された。これを1949（昭和24）年5月6日付で譲り受けたのがハニフ5・6・7である。車掌室・荷物室に続いて定員25（座席15）人の客室を設け、車輌不足に対応した。

混乱期が収束すると1952（昭和27）年5月28日付でワフ6・13・14に変更。ワフ6・13は1969（昭和44）年3月、ワフ14は1973（昭和48）年3月30日廃車。

■ホハフ301・302

戦後1949（昭和24）年10月17日譲受認可で国鉄8500形オハ8513（←ホロハ8200←院ホロハ9400←山陽2625）

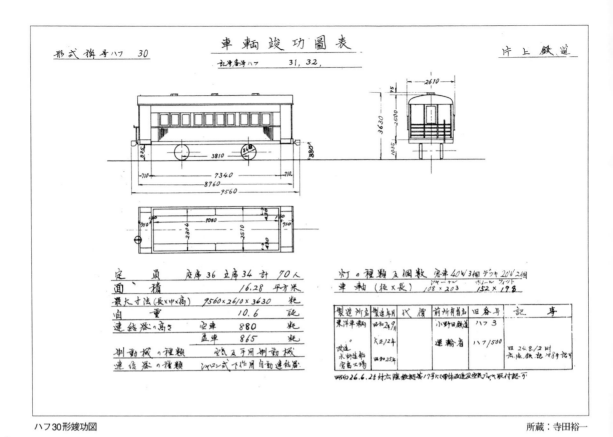

ハフ30形竣功図 所蔵：寺田裕一

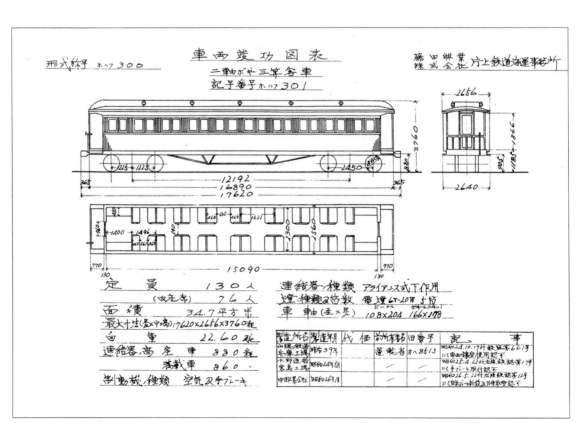

ホハフ301竣功図 所蔵：寺田裕一

と8800形ホハフ8801（←院ホハフ9665←山陽1946）の払下げを受け、ホハフ301・302とした。共に山陽鉄道から引き継いだ木製3軸ボギー客車で、301は1906（明治39）年、302は1904（明治37）年山陽鉄道兵庫工場製。片上では初のボギー客車で、入線に伴い水野造船宮島工場で手ブレーキ取り付けを行っている。

1951（昭和26）年5月22日認可で中国工業で空気ブレーキの新設と2軸ボギー台車（TR11）への取り換えを実施。その直後の1951（昭和26）年5月29日付けで302は小坂鉄道に転じてホハフ50となり、301は1968（昭和43）年4月1日に廃車となるまで活躍した。

ホハフ301。山陽鉄道の木製3軸ボギー車が前身で、1951年に台車を2軸のTR11に履き替えた。　　　　　　　1966.4.29　片上　P：伊賀正孝

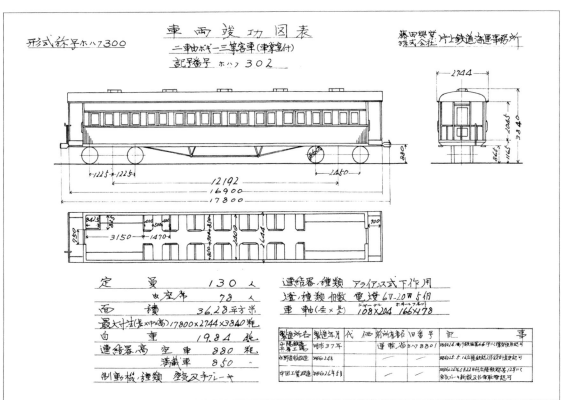

ホハフ302竣功図　　所蔵：寺田裕一

■ハフ51・52

戦中と戦後の混乱期で内燃動車の運行が困難になると蒸気機関車牽引の客車が重用されるようになり、ハフ51は1949（昭和24）年11月に水野造船宮島工場で、ハフ52は1950（昭和25）年3月に汽車会社岡山で半鋼製車体を新製した（フハ25とハ1からの改造名義）。戦後直後製の客車特有の、実用一点張りの応急車体に小さな窓が並び、妻面にも窓が3枚あった。キハ700形の登場で失職し、1968（昭和43）年4月1日廃車。

■ホハフ2001〜2005

国鉄オハ61形を17m級に縮めてオープンデッキにしたスタイル。濃いブルーに白帯を3本巻いた塗色から、国鉄の寝台客車列車をもじって「ブルートレイン」と

ハフ52。1950年汽車会社岡山製で実用一点張りの応急車体であった。隣に見えるワフ2は元ハニブ2。1890年山陽鉄道兵庫工場製で、片上入線前は車掌車だった。

1966.4.29　片上　P：伊賀正孝

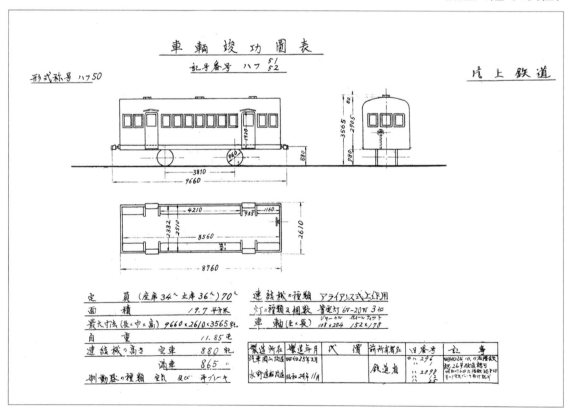

ハフ50形竣功図

所蔵：寺田裕一

呼ばれた。

1950（昭和25）年6月に2001〜2005の5輌が登場したが、2001・2002は国鉄サハ78019・スロ33 25からの改造名義（1951年4月27日設計・特別設計認可）で、富士産業宇都宮工場製の半鋼製車体。改造名義ではあったが、種車からの流用は台枠程度であった。

2003〜2005はナニワ工機製で、1950（昭和25）年10月20日設計・特別設計認可の新造車だが、国鉄2300形客車の台枠を流用している。2003・2004は半鋼製車体、2005は全鋼製で自重が他車より0.5t重い。

内燃機関車の導入により1967（昭和42）年2月21日届出で2002〜2005に独立燃焼式暖房装置が取り付けられた。2001はこの時期には運用から離れていて1972（昭和47）年6月30日廃車。残る4輌は1973（昭和48）

営業最終日まで100日余りとなって、夕刻の2列車吉ヶ原行に運用される3輌の客車。　　　　　　1991.3.17　和気　P：寺田裕一

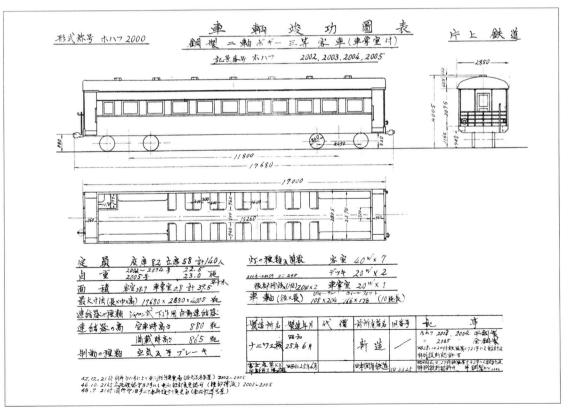

ホハフ2000形竣功図　　所蔵：寺田裕一

ホハフ2001。1950年富士産業宇都宮工場製のボギー車で、1972年6月に廃車。　　　　1962.8.10　片上　P：髙井薫平

ホハフ2004。ナニワ工機製の新造車で、営業最終日まで生き残った。　　　　1986.10.16　片上　P：寺田裕一

ホハフ2002。2001、2002は改造名義であった。
　　　　　　1984.11.10　片上　P：寺田裕一

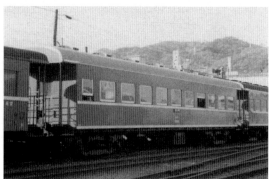

ホハフ2005。全鋼製で自重が他車より0.5t重い。
　　　　　　1974.5.10　片上　P：寺田裕一

ホハフ3001。国鉄オハ351058を1981年に譲り受けた。
1990.1.2 片上 P：寺田裕一

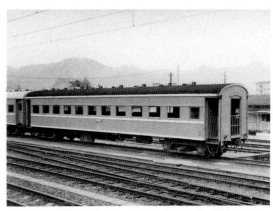

ホハフ3002。デッキ前に柵を設け、ホハフ2000形に塗色を合わせて使用を開始した。 1986.9.20 和気 P：寺田裕一

年7月2日届出で車内放送装置を新設。2005は長期間吉ヶ原で休車留置ののち1988（昭和63）年3月に廃車、2002は後に休車となり、2003と2004が営業最終日まで活躍した。

■ホハフ3001・3002

気動車3輌編成で運転されていた朝の1往復を、貨物減少で運用数の減っていたDLに牽引させるべく、1981（昭和56）年8月8日竣功届で旧国鉄オハ35 1058（1947年1月日立製）とオハ35 1227（1947年8月日本車輌製）をホハフ3001・3002とした。入線時に便所・洗面所を撤去して車掌室とし、手ブレーキ、独立燃焼式暖房装置、妻面貫通路に保護柵が設置された（1981年10月13日竣功届）。当初は茶色塗装のままであったが、すぐにホハフ2000形と同様の塗色になって、営業最終日まで活躍した。

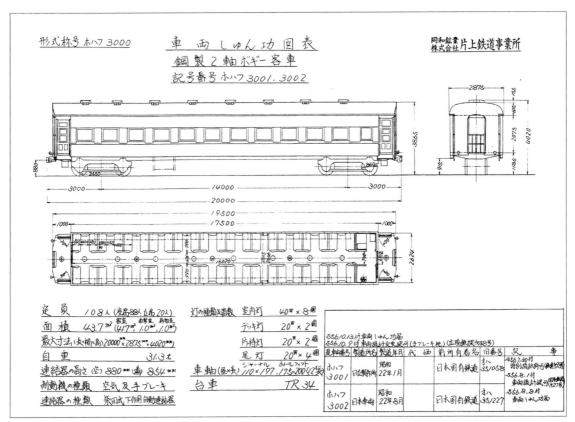

ホハフ3000形竣功図　　　　　　　　　　　　　　　　所蔵：寺田裕一

5、有蓋貨車

開業に際し1922（大正11）年11月4日購入認可で省ワ6640と6681を購入してワ1・2に。1923（大正12）年2月12日竣功届で箕上鉄道ワフ104・106を譲り受けてワフ1・2に。1924（大正13）年1月18日申請で鉄道省貨車3輌の払下げを受けてワ11・12、テハワ21が加わった。

ワ2は1926（大正15）年12月15日竣功届でワフ5となり、1928（昭和3）年7月30日届の改番でワフ5→ワ10、ワフ1→ワ5、ワフ2→ワ6、ワフ2→ワ20、ワ11→ワ20、ワ12→ワ21、テハワ21→ワ25となった。さらに1931（昭和6）年2月18日竣功届で省ワ69・1537・4685・6042・6069を購入してワ50～53・55として、この12輌体制で戦時下を迎えた。

1947（昭和22）年10月14日申請で国鉄ワ71442・72692・6447・6448を購入してワ61～64に。1951（昭和26）年8月29日竣功届でワ5はワフ12に改められた。この在籍輌数は統計上の昭和16年度末12輌、昭和22年度末16輌と合致する。

昭和27年度にハニブ2→ワフ2、ハニフ5～7→ワフ6・13・14と改造され、有蓋貨車は20輌在籍となった。有蓋貨車の在籍数は、この昭和27年度末から30年度末までの20輌在籍が最大値であった。

昭和44年度末から46年度末は1輌で、その他の項目に4輌在籍の記載がある。この1輌はワフ14、その他4輌はニフ15～18である。昭和47年度末でワフ14が廃車となり、ニフ15～18のうちニフ17が廃車、残りがワフ15～17となり、昭和47年度末から49年度末まで有蓋貨車在籍3輌が続き、50年度末で5輌に変わる。これは、ワフ15～17はすべて廃車で、新たにワフ100形5輌が加わったことによる。

昭和47年度以降、ワム1800形入線までの有蓋貨車は、実質緩急車であった。

■ワフ101～105

木造緩急車ニフ15～17が老朽化したことから1976（昭和51）年2月24日設計認可で国鉄からワム22000形5輌を購入し、1976（昭和51）年3月1日にワフ101～105として竣功した。旧番は101から順に22000・22006・22012・22143・22925で、先の4輌が1947（昭和22）年日本車輌製、旧ワム22925が1948（昭和23）年木南車輌製であった。また入線後に両デッキ式に改造している。この改造の竣功日は101が4月30日、102が8月12日、103が6月30日、104が10月25日、105が5

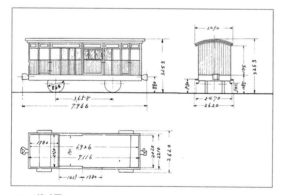

ワ25竣功図　　　　　　　　　　所蔵：寺田裕一

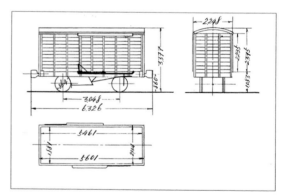

ワ51竣功図　　　　　　　　　　所蔵：寺田裕一

ワフ2竣功図　　　　　　　　　　所蔵：寺田裕一

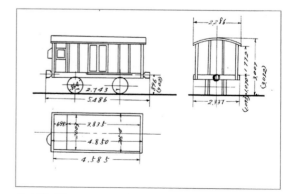

ワフ5竣功図　　　　　　　　　　所蔵：寺田裕一

月20日（すべて1976年）であった。

　活躍を開始してから程ない1984（昭和59）年2月1日に貨物と混合列車の緩急車連結は取りやめとなり、これで失業となった。101は1984（昭和59）年3月31日、104は1985（昭和60）年、105は1988（昭和63）年3月31日廃車で、102と103は営業最終日まで車籍が残っていた。

■ワム1801〜1810

　吉ヶ原〜片上間の肥料輸送用に1986（昭和61）年3月26日認可で国鉄ワム80000形10輌を譲り受け、同年3

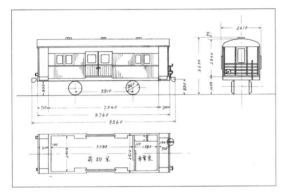

ワフ15・16竣功図　　　　　　　　　所蔵：寺田裕一

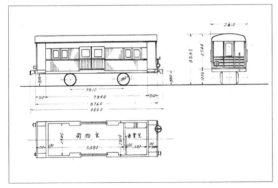

ワフ17竣功図　　　　　　　　　　　所蔵：寺田裕一

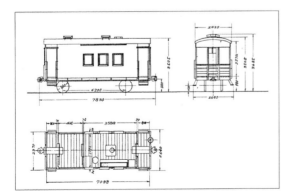

ワフ100竣功図　　　　　　　　　　所蔵：寺田裕一

ワフ14。国鉄ユニ3906を1949年に譲り受けたハニフ7を1952年に改造した。　　　　　　1970.10.11　片上　P：髙井薫平

ワフ16←ニフ16←ハフ30←フハ30←小野田ハフ2。
　　　　　　　　　　　　　　1962.8.10　片上　P：髙井薫平

ワフ17。71頁のニフ18の最晩年。この2年後の1976年3月に廃車となった。　　　　　　　1974.5.10　片上　P：寺田裕一

ワフ103。国鉄ワフ22012を1976年に譲り受け、営業最終日まで車籍が残っていた。　　　　1986.9.20　片上　P：寺田裕一

ワム1810。国鉄ワム185970を1986年に譲り受け、1988年10月に除籍された。
1990.1.2 吉ヶ原 P：寺田裕一

トチ12。1928年に鉄道省ト15581を譲り受けたト53→ト12Ⅱが前身と思われるトチ11形トチ12。
1958.9.13 片上 P：久保 敏

ト29。柵原全通の1931年に鉄道省ト5214を譲り受けた。同時期に入線した無蓋貨車がトム1500形に改造されるなか、入線時の姿を留めていた。軸バネが軸箱守の内側にあるのが珍しい。
1958.9.13 片上 P：久保 敏

月31日竣功届でワム1801〜1810とした。旧番号と製造所名は、1801から順に180570日車、181464日車、181842舞鶴重工、183864汽車、184036日車、184141日車、184740川重、184746川重、184987日立、185970日立で、製造年は1801〜1803が1968（昭和43）年、それ以外が1969（昭和44）年であった。

肥料輸送は1988（昭和63）年7月1日で廃止されたことから使用期間は2年余りでしかなかった。1805と1807が営業最終日まで車籍が残り、その他の8輌は1988（昭和63）年10月31日付で廃車となった。

6、無蓋貨車

開業に際し1922（大正11）年11月4日購入認可で省から13輌、1923（大正12）年2月12日竣功届で省からフト5輌、1924（大正13）年1月18日申請で省所有無蓋貨車を7輌、1928（昭和3）年5月19日竣功届で省からト6輌、1928（昭和3）年12月7日申請で省から ト4輌の払下げを受けて、昭和3年度末在籍無蓋貨車は35輌に。この数値は昭和3年度末営業報告書の所有無蓋貨車輌数に合致している。

昭和初期における柵原鉱山の鉱石産出量の増加は急

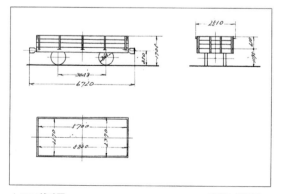

ト1001竣功図　　　　　　　　　　　所蔵：寺田裕一

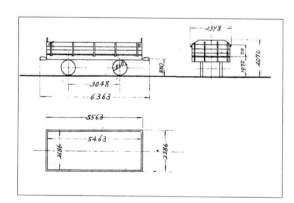

トム1500形（1501・1502）竣功図　　　　所蔵：寺田裕一

80

トム553。車籍上は鉄道省ト2459を1935年7月に譲り受けト8とし、トム1553を経てトム553となった。1986.9.20 片上 P：寺田裕一

激で、1929（昭和4）年9月12日竣功届で省からト3輌、1929（昭和4）年11月2日申請で省からト2輌払下げを受け40輌在籍に。この数値は20輌編成2個列車に相当する。

続いて柵原延伸後の1931（昭和6）年3月19日申請で省からトを30輌、1933（昭和8）年6月17日竣功届でも省からト10輌、さらに1935（昭和10）年7月8日認可で省からト10輌の払下げを受けた。

1936（昭和11）年9月30日竣功届10輌の種車は鉄道省の石炭車セフ・セで、改造を行っているのは鉄道省でも無蓋車が不足していたことが原因と思われる。1937（昭和12）年1月8日竣功届の8輌は鉄道省の種車がトに戻り、この時点で無蓋貨車在籍105輌となった。

これらの推移は国立公文書館に残る許認可書類に基づいているが、統計書類の昭和16年度末無蓋貨車は110輌とあり、5輌の差が生じている。この間、無蓋貨車は連結器や制動装置など何度かの改造・改番を繰り返していて、5輌の差については究明できておらず、届出漏れの可能性も否定できない。

統計書類の昭和17～20年度は車輌数の記載がなく、昭和21年度は無蓋貨車107輌在籍。3輌減少しているのは、1944（昭和19）年1月11日に河本一備前矢田間で発生した追突事故で車体を破損した3輌が、1946（昭和21）年5月1日届で廃車になったため。

1947（昭和22）年10月14日申請で国鉄からト20輌の払下げを受け、昭和22・23年度無蓋貨車127輌在籍。

1951（昭和26）年4月9日竣功届で出石鉄道から有蓋貨車2輌と無蓋貨車2輌を譲り受けて無蓋貨車4輌に改造。これにより昭和24・25年度無蓋貨車131輌在籍。

1951・52（昭和26・27）年にフハ15・16・18・19・20～22・26の8輌を無蓋貨車に改造して昭和27～29年度無蓋貨車在籍139輌。この頃には荷重15tのトム300形とトム500形、荷重18tのトラ800形への改造が進んで

いるが、完全には旧番号の特定をすることはできず、書類上と実態が異なっていることも考えられる。

トラ800形は810以降が新造扱いとなり、昭和30年度6輌、31年度14輌、35年度4輌を新造。昭和36年度無蓋貨車157輌在籍は在来車10輌の廃車を示す。続く1962（昭和37）年2月にトラ834～839、11月にトラ840～842を新造。昭和37年度末無蓋貨車155輌は在来車7輌の廃車を示している。さらに1964（昭和39）年8月にトラ843～852の10輌が新造され、昭和39年度末無蓋貨車在籍165輌は無蓋貨車在籍車輌数のピークであった。

昭和30～37年度のトラ800形の新造は43輌、在来車の廃車は17輌で、新造車の一部は在来車の部品が流用されたことも考えられる。

昭和45年度末142輌在籍時の構成は、トム300形20輌、トム500形70輌、トラ800形52輌。1971（昭和46）年に

■トム300形一覧表　（荷重15.0 t　自重6.50 t）　　1972.8.25現在

	製造年	製造所	最大寸法（mm）	自社使用開始年月	前所有者
トム305	大13	日本車輌	6320×2430×2222	大13.1	
トム306	〃	〃	〃	〃	
トム307	〃	〃	〃	〃	
トム309	明24	新橋工場	〃	昭5.10	鉄道省
トム311	明25	山陽鉄道		昭4.5	〃
トム312	明24	新橋工場		昭5.10	〃
トム313				昭4.5	〃
トム314	明36	神戸工場		昭12.1	〃
トム315	明33	新橋工場	6340×2410×2368	昭3.2	〃
トム316	明31	バンデルチーベン	〃	大12.1	〃
トム317	明32	新橋工場	〃	昭8.5	〃
トム318	明31	松井工場	〃	昭4.5※	〃
トム319	明29	筑豊鉄道	〃	昭10.9	〃
トム320	明27	山陽鉄道	〃	昭3.8	〃
トム321	明21	新橋工場	〃	昭3.2	〃
トム322	明33	〃	〃	〃	〃
トム323	明31	筑豊鉄道	〃	昭4.5	〃
トム324	明31	バンデルチーベン	〃	大13.1※	〃

製造年・製造所・自社使用開始年月日は記録上の内容で、実態とは異なると思われる。このうち車籍を追えるのは、315・316・318・320～324で、その他は廃車時期不明車からの改番と思われる。
トム305～307は旧トム701～703からの改番で、新造扱いであったが、自社使用開始年月大正13.1は誤りと思われる。
※：車番の推移から推定すると実際には大正12.1と思われる。

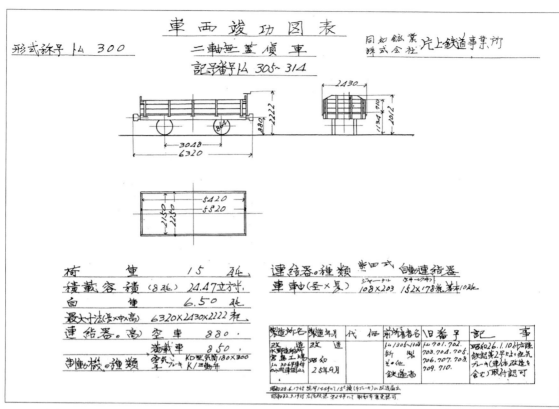

トム300形（305〜314）竣功図　　　　　　　　　　　　　　所蔵：藤井信夫

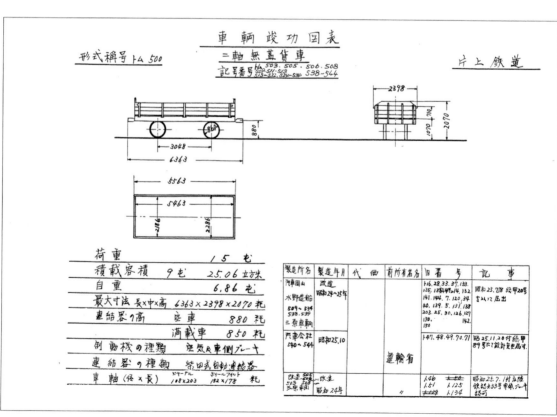

トム500形（503他）竣功図　　　　　　　　　　　　　　所蔵：寺田裕一

ホキ101が加わったが、昭和47年度にトム300形2輛、トム500形6輛とトラ800形1輛が廃車になり134輛在籍に。さらに昭和52年度にトム300形18輛が廃車となって116輛在籍となった。この無蓋貨車116輛在籍（休車中のホキ101廃車後は115輛）は、鉱石輸送が1987（昭和62）年11月1日にトラックへ転換された後の1988（昭和63）年7月1日まで続いたが、途中1983（昭和58）年に肥料輸送用として小坂鉄道からトキ15000形10輛が加わり、入れ代わりにトム500形8輛とトラ800形2輛が廃車となっている。

コンテナ輸送は1988（昭和63）年3月13日廃止、最後まで残った肥料輸送も1988（昭和63）年7月1日廃止で、これで貨車所有の必要性は消えたが、トラ800形10輛とトキ15000形2輛は廃線時まで車籍が残った。

■トム500形

15t積木造2軸無蓋貨車。501〜570の70輛はいずれも明治・大正年間に製造された車籍を持ち、製造所名には新橋工場・神戸工場・山陽鉄道・小倉工場・日本鉄道・筑豊鉄道・井上工場・平岡工場・木南車輌・オールドベリーなどの名が並ぶ。古くは1923（大正12）年の片上鉄道開業時、大多数は1931（昭和6）年2月の柵原全通前後に鉄道省よりト1形を譲り受けた。555〜562の8輛は客車からの改造扱い。

幾度かの改造、改番を経験し、1949（昭和24）年〜1954（昭和29）年（569のみ1958年）に三原車輌・汽車会社岡山・川崎車輌・中国工業・水野造船・自社工場で、種車の走り装置、台枠を生かして車体が新造された。ただし、実車の銘板には改造の文字がなく、製造

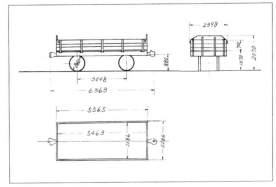

トム500形（501・502）竣功図　　　所蔵：寺田裕一

銘板となっており、また竣功図など記録上の製造所・製造年と銘板の標記が一致しない車輛も少なからずあった。あるいは途中で改番があったためなのか、その理由はよく分からない。当初、形式はトム1500形であったと思われる。トム500形への改番時期を考察すると、トラ800形801〜809に1801〜1809から改番の形跡があり、また新造扱いのトラ810〜819に1810〜1819から改番の形跡があり、820以降にその形跡がないことから推察すると、1956（昭和31）年頃と思われる。

鉱石列車の主力車としてトラ800形とともに柵原〜片上間を往復し、片上での鉱石降ろしカーダンパー用に、端面台枠に2ヶ所ずつ穴を持っていた。また、上り列車の進行右側（東側）には、荷重・積載高・自重・同和鉱業片上鉄道・記号番号・換算輌数・検査標記がフルに記載され、反対側は記号番号のみの標記であった。

鉱石輸送の減少とともに廃車が発生し、鉱石輸送廃止後の1987（昭和62）年10月31日に形式消滅した。

トラ810＋トム558。側面西側は記号番号のみの記載であった。　　　1986.9.20　片上　P：寺田裕一

■トム500形一覧表

	製造		改造		自社使用開始年月	前所有者	廃車
	年	所	年	所			
トム501	明24	新橋工場	昭24	三原車輌	昭5.10	鉄道省	昭58.9.30
トム502	〃	〃	〃	〃			※1
トム503	不明	不明	〃	〃			昭63.10.31
トム504	〃	〃	〃	〃	大12.1		〃
トム505	不明	不明	〃	〃			昭63.10.31
トム506	明24	新橋工場	〃	〃	昭5.10		〃
トム507	〃	〃	〃	〃	〃		※1
トム508	〃	〃	〃	〃			昭63.10.31
トム509	不明	不明	〃	—	昭3.12		〃
トム510	明24	新橋工場	〃	三原車輌	昭5.10		昭58.9.30
トム511	〃	〃	〃	—	〃		昭63.10.31
トム512	〃	〃	〃	三原車輌	〃		昭58.9.30
トム513	〃	〃	〃	〃	〃		昭63.10.31
トム514	〃	〃	〃	〃	〃		昭58.9.30
トム515	不明	不明	〃	—	昭8.5		昭63.10.31
トム516	明24	新橋工場	〃	—	昭5.10		〃
トム517	〃	〃	〃	〃	〃		〃
トム518	〃	〃	〃	汽車会社岡山	〃		〃
トム519	不明	不明	〃	〃	昭10.9		〃
トム520	〃	〃	〃	〃	〃		〃
トム521	明28	神戸工場	〃	—	〃		〃
トム522	明25	山陽鉄道	〃	—	大12.1		〃
トム523	明24	新橋工場	〃	〃	昭5.10		昭58.9.30
トム524	〃	〃	〃	三原車輌	〃		昭63.10.31
トム525	明23	新橋工場	〃	〃	昭8.5		〃
トム526	明15	神戸工場	〃	〃	大12.1		〃
トム527	明23	新橋工場	〃	〃	昭5.10		〃
トム528	〃	〃	〃	〃	昭8.5		〃
トム529	明26	※2	〃	〃	昭11.9		〃
トム530	〃	新橋工場	〃	汽車会社岡山	昭5.10		〃
トム531	〃	〃	〃	〃	〃		〃
トム532	〃	〃	〃	〃	〃		〃
トム533	〃	〃	〃	〃	〃		〃
トム534	〃	〃	〃	〃	〃		〃
トム535	明23	山陽鉄道	〃	水野造船?	昭4.5		※1
トム536	明33	神戸工場	〃	〃	昭4.10		〃
トム537	明37	神戸工場	〃	〃	昭8.5		〃
トム538	明22	神戸工場	〃	〃	昭10.9		昭63.10.31
トム539	明29	小倉工場	〃	〃	大12.1		〃
トム540	明37	新橋工場	昭25	汽車会社岡山	昭8.5		〃
トム541	明23	新橋工場	昭24	〃	昭8.5		〃
トム542	明24	神戸工場	〃	〃	昭8.8		〃
トム543	明30	新橋工場	〃	〃	昭12.1		〃
トム544	明32	天野工場	〃	〃	〃		〃
トム545	明38	日本鉄道	昭25	川崎車輌	〃		〃
トム546	明13	新橋工場	〃	〃	大12.1		〃
トム547	〃	〃	昭25	三原車輌	〃		〃
トム548	明23	※3	〃	〃	〃		〃
トム549	明31	新橋工場	〃	〃	昭3.12		昭58.9.30
トム550	明22	神戸工場	〃	〃	昭10.9		昭63.10.31
トム551	明13	〃	〃	〃	大12.1		〃
トム552	明24	筑豊鉄道	〃	〃	昭12.1		〃
トム553	明13	新橋工場	〃	〃	昭10.9		〃
トム554	明22	神戸工場	〃	〃	大12.1		〃
トム555	明31	井上工場	昭26	中国工業	大13.1	南海	〃
トム556	明32	平岡工場	〃	〃	昭22.9	国鉄フハ72	〃
トム557	不明	不明	〃	〃	〃	国鉄ハ62	〃
トム558	〃	東京車輌	昭27	〃	〃	国鉄ハ65	〃
トム559	明30	日本車輌	〃	〃	大13.1	南海	〃
トム560	明31	井上工場	〃	〃	〃		〃
トム561	〃	三田工場	〃	〃	大12.1	鉄道省	〃
トム562	明17	神戸工場	〃	〃	〃	鉄道省ハ2091	〃
トム563	明17	木南車輌	昭27	〃	昭22.6	国鉄	〃
トム564	明32	不明	昭29	自社	〃		昭58.9.30
トム565	明27	〃	昭25	水野造船	大12.1	鉄道省	昭58.9.30
トム566	〃	〃	〃	〃	〃		昭63.10.31
トム567	大13	日本車輌	昭24	三原車輌	〃		〃
トム568	不明	不明	昭28	中国工業	〃		昭63.10.31
トム569	〃	〃	昭33	自社	〃		〃
トム570	〃	〃	昭28	中国工業	〃		〃

最大寸法501～564・568～570：6363×2398×2070mm　565・566：6340×2410×1915mm　567：6340×2410×1915mm　自重501～564：6.86t　565：6.45t　566：6.75t　567・570：6.70t　568・569：6.60t　荷重（全車）15.0t　※1：1979.2.20当時廃車車輌　※2：Ransomes and Rapier（英国）　※3：Oldbury（英国）

■トラ800形（801～809）一覧表

	製造		改造		自社使用開始年月	前所有者	廃車
	年	所	年	所			
トラ801	明27	山陽鉄道	昭29	帝国車輌	昭4.5	鉄道省	※1
トラ802	明18	新橋工場			大12.1	鉄道省	昭63.10.31
トラ803	不明	不明	〃	〃	昭22.6	国鉄	昭58.9.30
トラ804	明27	山陽鉄道	昭28	中国工業	昭4.10	鉄道省	昭63.10.31
トラ805	明31	鉄道車輌	昭29	〃	昭11.9		〃
トラ806	明21	バンデルチーペン	〃	〃	大12.1		〃
トラ807	不明	不明	昭30	帝国車輌	昭22.6	国鉄	昭58.9.30
トラ808	〃	〃	〃	〃	昭22.6		昭63.10.31
トラ809	〃	〃	〃	〃			〃

荷重7.1t　自重18.0t　最大寸法6400×2490×2070mm）
※1：1979.2.20当時廃車車輌

■トラ800形新造車（810～852）一覧表

トラ800形新造車は43輌であるが、走り装置、台枠などは廃車無蓋貨車からの流用が考えられる。37～41pの車輌推移表では、廃止時期不明車輌が43輌あり、その全てが合致しているとは断言できないが、かなりの部分が相関していると考えられる。

	製造		廃車
	年	所	
トラ810	昭30.9	帝国車輌	昭63.10.31
トラ811	〃	〃	〃
トラ812	〃	東急車輌	〃
トラ813	〃	〃	〃
トラ814	昭30.10	中国車輌	〃
トラ815	〃	〃	〃
トラ816	昭31.4	帝国車輌	〃
トラ817	〃	〃	〃
トラ818	〃	〃	〃
トラ819	〃	〃	〃
トラ820	〃	東急車輌	〃
トラ821	〃	〃	〃
トラ822	〃	〃	〃
トラ823	〃	〃	〃
トラ824	〃	〃	〃
トラ825	昭31.5	〃	〃
トラ826	〃	〃	〃
トラ827	〃	〃	〃
トラ828	〃	〃	〃
トラ829	〃	〃	〃
トラ830	昭35.2	帝国車輌	〃
トラ831	〃	〃	〃
トラ832	昭35.8	〃	〃
トラ833	〃	〃	〃
トラ834	昭37.2	〃	〃
トラ835	〃	〃	〃
トラ836	〃	〃	〃
トラ837	〃	〃	〃
トラ838	〃	〃	〃
トラ839	〃	〃	〃
トラ840	昭37.11	〃	平3.7.1
トラ841	〃	〃	昭63.10.31
トラ842	〃	〃	平3.7.1
トラ843	昭39.8	日本車輌	昭63.10.31
トラ844	〃	〃	平3.7.1
トラ845	〃	〃	〃
トラ846	〃	〃	〃
トラ847	〃	〃	〃
トラ848	〃	〃	昭63.10.31
トラ849	〃	〃	平3.7.1
トラ850	〃	〃	〃
トラ851	〃	〃	〃
トラ852	〃	〃	〃

最大寸法　810～839：6363×2398×2070mm／840～852：7000×2628×2070mm
自重　810～839：7.1t／840～842：8.4t／843～852：8.1t　荷重　全車18t
上記は車輌竣功図表の製造年・製造所だが、実車の銘板標記が異なる車輌が存在する。理由は定かではないが、車番の振り替えがあった可能性も否定できない。

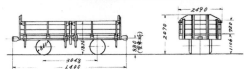

車両しゅん功図表

形式称号　トラ800

四輪無がい貨車

記号番号　トラ 802～806

同和鉱業
株式会社 片上鉄道事業所

連結器の種類　柴田式自動連結器（30t輪バネ）
車軸（径 × 長）　ジャーナル　ホイール フィット
基本12t 短軸　120 × 210, 160 × 180 mm

荷　　　室（石炭偏重9t）　　　18 t
積載容積　　　25.41 m³
自　　　重　　　7.10 t
最大寸法（長巾×高）　6400 × 2490 × 2070 mm
連結器の高　空車　　　880 mm
　　　　　　満載車　　　839 mm
制動機の種類　空気および車側ブレーキ

番号	製造所名	製造年月日	代価	前所有者名	旧番号	記　事
80 803	帝国車両	昭和29年4月		鉄道省	ト 156(1802) 120 (1803)	昭29.4.15付広復鉄送第20号にて102車 ト181車い、岩枠ナ付に改を受可
804 ～ 806	中国工業	昭和29年5月		鉄道省	ト 23(1804) 221 (1805) 52 (1806)	同　上

昭.36.6.2付九信鉄送第69号にて自連緩衝装置を30t輪バネ式に改造認可
昭42.1.14 同片鉄85号にて（車両設計変更届（届出）

トラ800形（802～806）竣功図　　　　　　　　　　　　　所蔵：寺田裕一

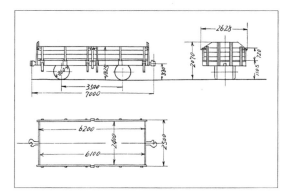

トラ800形（840～852）竣功図　　　所蔵：寺田裕一

トラ816。1956年帝国車輌製だが、台枠等は廃車貨車からの流用があったと思われる。
1986.9.20 片上　P：寺田裕一

■トラ800形

18 t積木造2軸無蓋貨車。801～806はトム500形と同様に、明治生まれの鉄道省ト1形を開業に合わせて譲り受けた。807～809は戦後の1947（昭和22）年に国鉄から譲り受けたもの。810～840も走り装置や台枠の種車が存在すると思われるが新造扱い。一部はト1800形から改番の記録が残るほか、800～809の製造銘板に改造の文字がないこと、車体への標記、ダンパー用穴もトム500形と同様である。トム500形とトラ800形は荷重が15 tと18 tの違いはあったが、列車編成では混成となり、柵原での鉱石積み込みでも区分けはなかった。840以降は国鉄直通可能車で2段リンクであったが、の

ちに国鉄直通は廃止されている。

鉱石輸送の廃止により1987（昭和62）年10月末に大多数が廃車になったが、10輌は廃止時まで車籍があった。

■ホキ100形101

1971（昭和46）年2月川崎重工業製のホッパ車。トム500形とトラ800形に替わる鉱石輸送車として試作された。片上鉄道は昭和24年度から45年度まで黒字決算続きで、試作車を発注できるだけの余裕があったと思われる。皮肉にも試作車竣功後の昭和46年度に赤字決算となり、硫化鉄の需要も減退したことから1輌のみの

ホキ101。トム500形とトラ800形に代わる鉱石輸送車として1輌だけが試作された。

1979.6.14　吉ケ原　P：寺田裕一

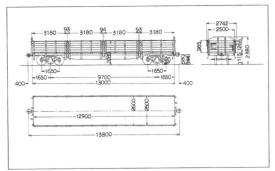

所蔵：寺田裕一

トキ15004。同和鉱業小坂鉄道トキ15004を1983年に譲り受けた。

1986.9.20　吉ケ原　P：寺田裕一

製造に終わった。

　設計は国鉄ホキ2500形がモデルであったが、妻板上部に設けたロート状の増設ホッパはオリジナルであった。これは、編成を引き出しながら連続で積み込みを行うときに、連結面に鉱石が落ちるのを防ぐための装置で、そのため、手ブレーキは側面に寄った位置に設けられた。

　竣功はしたものの使用はされず、長らく吉ケ原の側線に留置され、1983（昭和58）年12月27日に廃車。

■トキ15000形15001〜15010

　吉ケ原〜片上間の肥料輸送は1984（昭和59）年から始まり、それに先立ち小坂鉄道からトキ15000形10輌を譲り受けた。小坂鉄道トキ15000形は、国鉄トキ15000形の規格によって1962（昭和37）年9月から1968（昭和43）年10月にかけて15輌が日本車輌で新造された。花岡から小坂への銅精鉱輸送に使用されたことから、木床の上を銅板張りにしていた。花岡線貨物輸送廃止により1983（昭和58）年11月に15001・15010・5011の3輌が廃車になり、15002〜15007・15009・15012・15013・15015が片上入りした。片上入線に際しては

15013→15001、15012→15008、15015→15010と改番して1984（昭和59）年3月31日に竣功させた。

　貨物輸送廃止により1988（昭和63）年10月末に8輌が廃車となったが、15003と15007のみ廃線時まで車籍が残った。

7、借入車輌

　蒸気機関車は、戦時中から戦後にかけて借入の記録がある。判明しているものは次の通り。

265（1943年3・9・11・12月）
1000・1105（1944年1〜2月）
C12 200（1948年3月）
C11 11（1948年5月〜1949年6月）
4145（1949年6〜11月）
C11 43（1957年9〜10月）
C11 127（1958年1〜2月）

　このほかキハニ101を1945（昭和20）年5月から1年間三菱重工専用鉄道（現水島臨海鉄道）に貸し出した見返りにフハ91形92（←鉄道省←南武鉄道←五日市鉄道ハニ2001：1925年日本車輌東京支店製）を借り入れている。

片上港に面した片上駅構内。画面中央左側にはカーダンパーを備えた鉱石上屋が見える。柵原から運ばれた硫化鉄はここから海路、岡山へと運ばれた。

1987.9.23　片上　P：山下修司

■片上鉄道年表

1919 (大8).9.24	片上〜三石（片上〜和気〜吉永〜三石）間軽便鉄道免許出願	
7.16	片上〜三石間免許	
1920 (大9).7.10	軌間を762mmから1067mmに計画変更申請	
11.27	片上鉄道株式会社設立	
1921 (大10).6.17	片上〜和気間施工認可	
12.28	和気〜三石間免許失効	
1922 (大11).3.13	和気〜井ノ口（備前矢田より0.7km苦木方）間免許	
7.25	和気〜井ノ口間施工認可	
1923 (大12).1.1	片上〜和気間開業	
8.10	和気〜井ノ口間開業	
1927 (昭2).2.3	2等廃止	
1929 (昭4).2.14	井ノ口〜柵原間免許	
3.29	井ノ口〜柵原間施工認可	
1931 (昭6).1.17	ガソリン動力併用認可	
2.1	井ノ口〜柵原間開業、井ノ口駅廃止	
1945 (昭20).9.17	吉井川の氾濫により備前矢田〜柵原間5ヶ月間不通	
1950 (昭25).6.20	藤田興業に合併され藤田興業片上鉄道海運事務所に改称	
1957 (昭32).8.1	同和鉱業に合併され同和鉱業片上鉄道事務所に改称	
1965 (昭40).10.1	ＤＤ13-551・552の使用を開始	
1968 (昭43).1.10	旅客列車（気動車）の認可最高速度	

	を55km/hから64km/hに引き上げ	
9.10	蒸気機関車全廃	
1971 (昭46).2.1	片上〜天瀬間単線自動閉塞（A・R・C）化	
10.1	天瀬〜備前矢田間単線自動閉塞（A・R・C）化	
1972 (昭47).9.1	備前矢田〜柵原間単線自動閉塞（A・R・C）化	
10.1	合理化により車輌・線路・電路保守業務を同和工営に委託	
1983 (昭58).1.19	片上駅を国鉄コンテナ貨物基地として営業開始	
1984 (昭59).2.1	郵便輸送廃止	
1986 (昭61).3.13	日祝日ダイヤ（一部列車の運行休止）を導入	
11.1	国鉄連絡車扱貨物廃止	
1987 (昭62).8.18	鉄道廃止方針を岡山県及び沿線地方自治体に提示	
11.1	鉱石輸送をトラック輸送に切換	
1988 (昭63).3.13	コンテナ貨物営業廃止	
7.1	肥料輸送廃止。これにより貨物全廃	
1991 (平3).1.18	鉄道廃止申請書を運輸大臣に提出	
3.8	代替バス準備遅れのため廃止申請を取り下げ	
5.10	廃止申請を再度提出	
7.1	廃止	

車輌推移表　機関車・気動車

年代軸：1923（大正12）・元・2・3・4・13・14　1930（昭和5）6・7・8・9　1940（昭和15）11・12・13・14　1950（昭和25）21・22・23・24　1960（昭和35）31・32・33・34・35・36・37・38・39　1970（昭和45）41・42・43・44・45・46・47・48・49・50　1980（昭和55）51・52・53・54・55・56・57・58・59　1990（平成2）元・3

区分	形式	記録
蒸気機関車	片1形 1	11/13 △5/5
	片2形 2	○ △7/30
	片3形 3	1/18申○ △6/23
	片4形 4	4/21○ △6/28
	片4形 5	5/3○ △11/11
	片4形 6	6/15○ △6/28
	片7形 7	3/26○ △5/29
	片4形 8	12/9○ △5/28
	片4形 9	12/9○ △6/3
	10→C12-201	6/22○ △10/29
	片11形 11	8/16○ 6/7 △10/29 7/31
	C11-101	2/3○ △4/1
	C11-102	6/17○ △4/1
	C11-103	7/25○ △10/1
	C12-202	4/13○ △5/14
	C13-50	4/13○ △5/14
	C13-51	
内燃機関車	DD45 1	8/1○ 7/30 △3/31（借用期間）
	DD13-551	3/10○ △8/13
	DD13-552	△8/13
	DD13-553	10/12○ △10/31
	DD13-555	10/12○ △1/31
	DD13-556	9/10○ △5/15
内燃動車	キハニ101	2/1○ キハニ102 △3/31
	キハニ102→ハ102	2/1○ 4/8◇ キハニ111 △2/8
	キハニ111→ハ111	6/19○ 3/12◇ 7/ハ111 9/1
	キハニ120→ハ120	8/21○ キハニ120 3/12◇ 7/ハ120 △2/8
	キハ3001→301	11/12○ キハ3001 ◇4/19 キハ301 △1/14 7/1
	キハ3002→302	11/12○ キハ3002 ◇4/19 キハ302 △7/1
	キハ3003→303	10/25○ キハ3003 ◇4/19 キハ303 8月
	キハ3006→305	6/2○ キハ3006 ◇4/19 キハ305 8月
	キハ3004→311	6/23○ キハ3004 ◇4/19 キハ311 △
	キハ3005→312	6/23○ キハ3005 ◇4/19 キハ312 △7/1
	キハ701	10/12○ △11/15 7/1
	キハ702	10/12○ 8月 7/1
	キハ703	10/12○ 9/7 7/1
	キハ801	12/27○ 7/1
	キハ802	

上段チャート（客車推移表）

左側車番一覧：

- ロハ1→ハ1→ハフ52
- ロハ2→ハ6→ハフ22
- ハ11→フハ12
- ハ12→フハ25→フハ51
- ハ5→フハ20
- フハ15
- フハ21
- ハニ71
- ハニ72
- フハ30→ハフ30
- フハ31→ハフ31
- フハ16
- ハ2→フハ18
- ハ3→フハ19
- ハ4→フハ33→ハフ33
- フハ32→ハフ32
- ハニ75
- ハニ76
- ハニ77
- ホハフ301
- ホハフ302
- ホハフ2001
- ホハフ2002
- ホハフ2003
- ホハフ2004
- ホハフ2005
- ホハフ3001
- ホハフ3002

※1：フフ16　※2：昭和24年8月12日改番フハ18　※3：昭和24年8月12日改番フハ19　※4：昭和24年8月12日改番フハ33

車軸推移表　無蓋貨車

△廃車

	1922 (大正11)	1930 (昭和5)	1940 (昭和15)	1950 (昭和25)	1960 (昭和35)	1970 (昭和45)	1980 (昭和55)	1990 (平成2) 元 3
ト-1（省 ト8805）	11/4	7/30 ト50		7/18 トム1504	トム1504		10/31	
ト-2（省 ト8774）	11/4	7/30 ト51Ⅱ		7/18 トム1505	トム1505			
ト-3（省 ト8661）	11/4	7/30 ト52Ⅱ	2/12 ト131	1/16 ト1225	7/18 トム316			
ト-4（省 ト8967）	11/4	7/30 ト155	2/12 ト31	1/16 ト1259	※1 7/18 トム318			
ト-5（省 ト8992）	11/4	9/12 ト122	2/12 ト122	※1				
ト-6（省 ト9020）	11/4	7/30 ト106	2/12 ト121	5/1	※1			
ト-7（省 ト9037）	11/4	9/12 ト121	2/12 ト11	11/20 トム1551	トム1551		10/31	
ト-8（省 ト9063）	11/4	7/30 ト60	2/12 ト21	7/18 トム1522	トム1522		10/31	
ト-9（省 ト9086）	11/4	9/12 ト120	2/12 ト22	4/15 ト1802	トム802		10/31	
ト-10（省 ト9209）	11/4	7/30 ト156	2/12 ト141					

※1：昭和当時のト155か*121のいずれかがト5Ⅱを経て昭25.7.18 トム1526→昭31頃 トム526→昭63.10.31廃車。その他は廃車時期不明
日付解説　大11.11.4譲受認可

89

○入線（認可または届出等）　◇改造・改番（日付なきものは推定）　△廃車

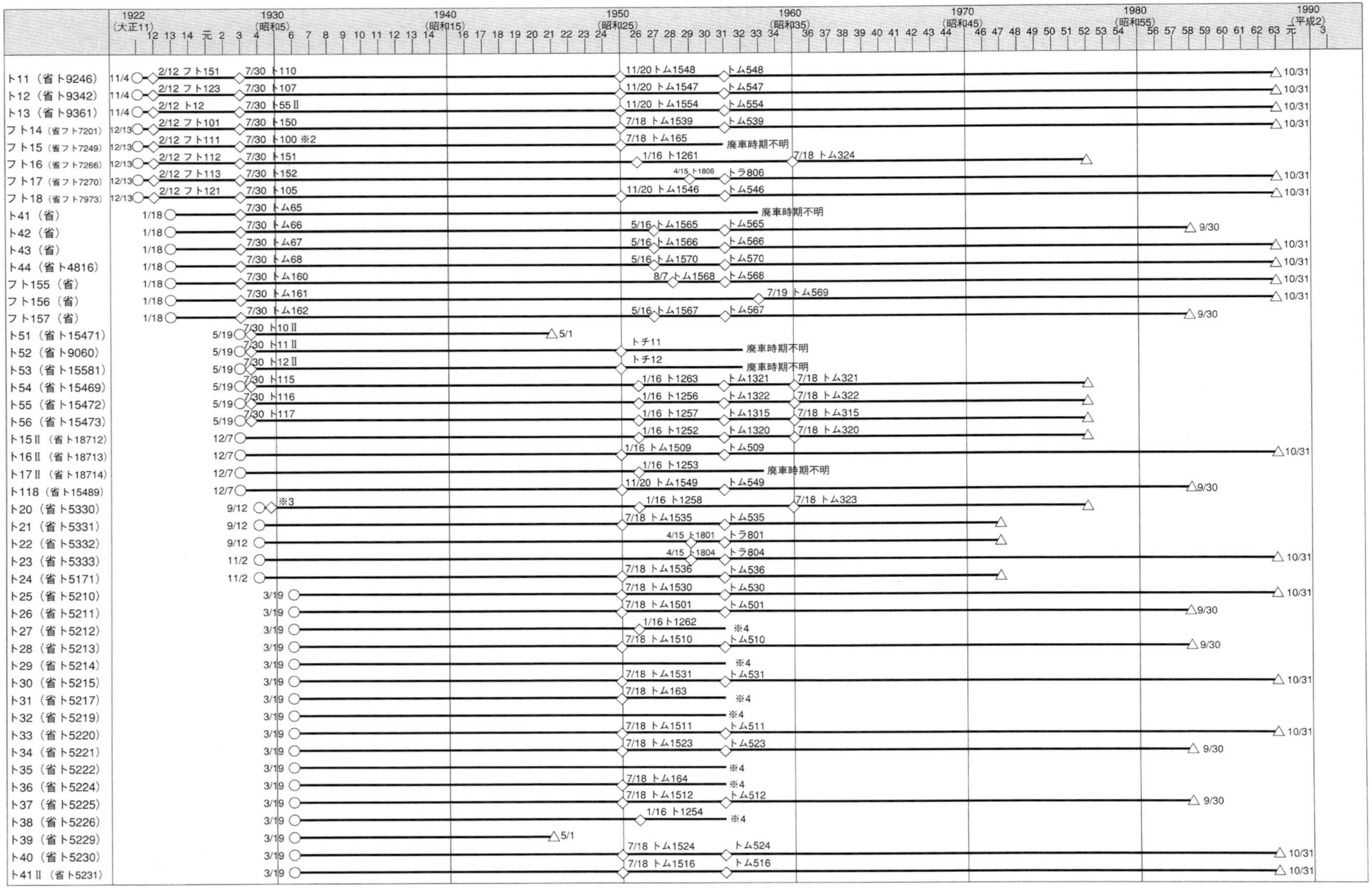

※2：ト100→ト4Ⅱ→ト123（昭4～5）※3：ト20→ト3Ⅱ→ト119（昭4～5）※4：いずれか1輌がト7Ⅱを経て昭25.7.18トム1517→昭31頃トム517→昭63.10.31廃車、その他は廃車時期不明

日付解説　大11.11.4譲受認可、大11.12.13申請、大13.1.18申請、昭3.5.19届、昭3.12.7申請、昭4.9.12竣功届、昭4.11.2申請、昭6.3.19申請

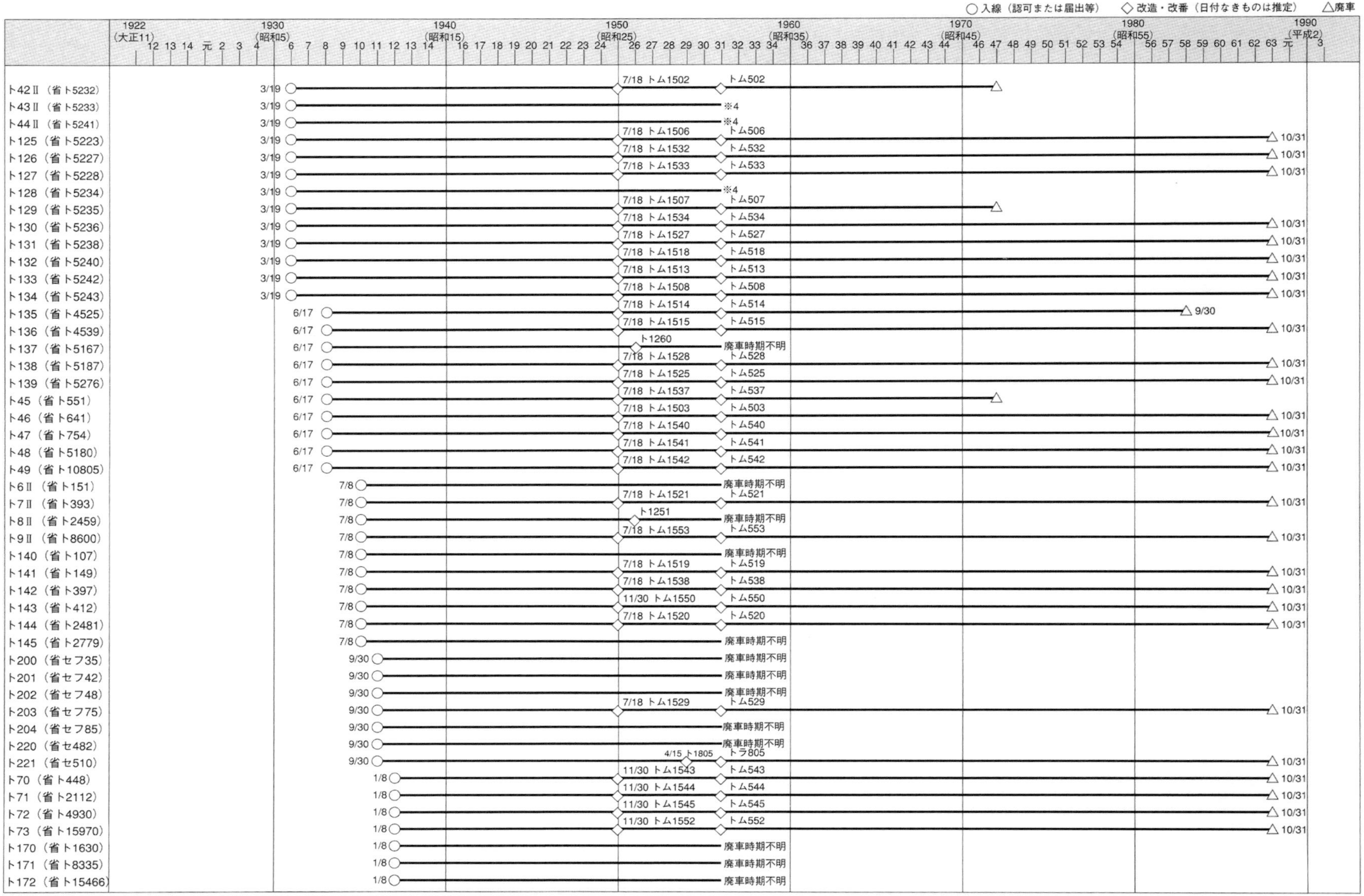

○入籍（認可または届出等）　◇改造・改番（日付なきものは推定）　△廃車

| 年代 | 1922（大正11） | 1930（昭和5） | 1940（昭和15） | 1950（昭和25） | 1960（昭和35） | 1970（昭和45） | 1980（昭和55） | 1990（平成2） |

左欄（車号）

- ト42Ⅱ（省ト5232）
- ト43Ⅱ（省ト5233）
- ト44Ⅱ（省ト5241）
- ト125（省ト5223）
- ト126（省ト5227）
- ト127（省ト5228）
- ト128（省ト5234）
- ト129（省ト5235）
- ト130（省ト5236）
- ト131（省ト5238）
- ト132（省ト5240）
- ト133（省ト5242）
- ト134（省ト5243）
- ト135（省ト4525）
- ト136（省ト4539）
- ト137（省ト5167）
- ト138（省ト5187）
- ト139（省ト5276）
- ト45（省ト551）
- ト46（省ト641）
- ト47（省ト754）
- ト48（省ト5180）
- ト49（省ト10805）
- ト6Ⅱ（省ト151）
- ト7Ⅱ（省ト393）
- ト8Ⅱ（省ト2459）
- ト9Ⅱ（省ト8600）
- ト140（省ト107）
- ト141（省ト149）
- ト142（省ト397）
- ト143（省ト412）
- ト144（省ト2481）
- ト145（省ト2779）
- ト200（省セト735）
- ト201（省セト742）
- ト202（省セト748）
- ト203（省セト775）
- ト204（省セト785）
- ト220（省セト482）
- ト221（省セト510）
- ト70（省ト448）
- ト71（省ト2112）
- ト72（省ト4930）
- ト73（省ト15970）
- ト170（省ト1630）
- ト171（省ト8335）
- ト172（省ト15466）

※4：いずれかがトヤⅡを経て昭25.7.18→トム1517→昭31頃トム517→昭63.10.31廃車、その他は廃車時期不明
日付解説　昭6.3.19申請、昭8.6.17竣功届、昭10.7.8認可、昭11.9.30渡功届、昭12.1.8竣功届

○入線（認可または届出等）　◇改造・改番（日付なきものは推定）　△廃車

年表軸：1923（大正12）13 14 元 2 3 4 5 6 7 8 9 10 11 12 13 14 / 1930（昭和5） / 1940（昭和15）15 16 17 18 19 20 21 22 23 24 / 1950（昭和25）25 26 27 28 29 30 31 32 33 34 35 / 1960（昭和35）36 37 38 39 40 41 42 43 44 45 / 1970（昭和45）46 47 48 49 50 51 52 53 54 55 / 1980（昭和55）56 57 58 59 60 61 62 63 / 1990（平成2）3 元

車両一覧（左端の形式・旧番号）

形式（旧番号）
ト173（省 ト16445）
ト1001（国鉄 ト56）
ト1011（国鉄 ト977）
ト1021（国鉄 ト2598）
ト1031（国鉄 ト16093）
ト1032（国鉄 ト16975）
ト1033（国鉄 ト16062）
ト1034（国鉄 ト15201）
ト1035（国鉄 ト15971）
ト1211（ト333）
ト1036（国鉄 ト15524）
ト1221（国鉄 ト17034）
ト501（ト14562）
ト502（国鉄 ト14503）
ト1111（国鉄 ト4816）
ト1121（国鉄 ト5467）
ト1201（国鉄 ト6778）
ト1202（国鉄 ト7303）
ト1203（国鉄 ト7664）
ト1204（国鉄 ト7425）
ト1101（国鉄 ト30044）
トム1301（出石 ト150）
トム1302（出石 ト151）
トム1303（出石 トフ750）
トム1304（出石 トフ751）
トム701
トム702
トム703
トム704
ト1810
ト1811
ト1812
ト1813
ト1814
ト1815
ト1816
ト1817
ト1818
ト1819
トラ820
トラ821
トラ822
トラ823
トラ824
トラ825
トラ826
トラ827

チャート中の主な注記（抜粋）

- ト173：1/8 ○、廃車時期不明
- ト1001：9/10 ○、廃車時期不明、10/31 △
- ト1011：9/10 ○、1/23 トム1564 ◇、トム564 △、9/30 △
- ト1021：9/10 ○、4/15 トラ807 ◇、トラ807 ◇
- ト1031～ト1036：9/10 ○、廃車時期不明
- ト1035：2/22 トラ808 ◇、4/15 ト1808 ◇、10/31 △
- ト1121：4/15 ト1809 ◇、2/22 トラ809 ◇
- ト1201：4/15 ト1803 ◇、2/22 トラ803 ◇、9/30 △
- ト1101：8/27 トム1563 ◇、トム563 ◇、10/31 △
- トム1301～1304：4/9 ○
- トム701～704：1/16 ト1305～ト1308 ◇、トム301～トム308 ◇、入線時期不明、△
- ト1810～ト1815：9/16 ○、トラ810～トラ815 ◇、10/31 △
- ト1816～ト1819：3/2 トラ816～トラ819 ◇、10/31 △
- トラ820～トラ827：7/3 ○、10/31 △

昭26.1.16改坐扱でトム701～710→トム1305～1314（自重5.60t）に。トム701～704（新製）→トム1305～1308→トム1305～308の記録あり。705～710の旧番号は特定できず。

日付解説　昭12.1.6廃車届出量、昭23.9.10廃車認可、昭26.4.9廃車届量、昭30.9.16設計認可、昭31.3.2増備認可、昭32.7.3設計認可

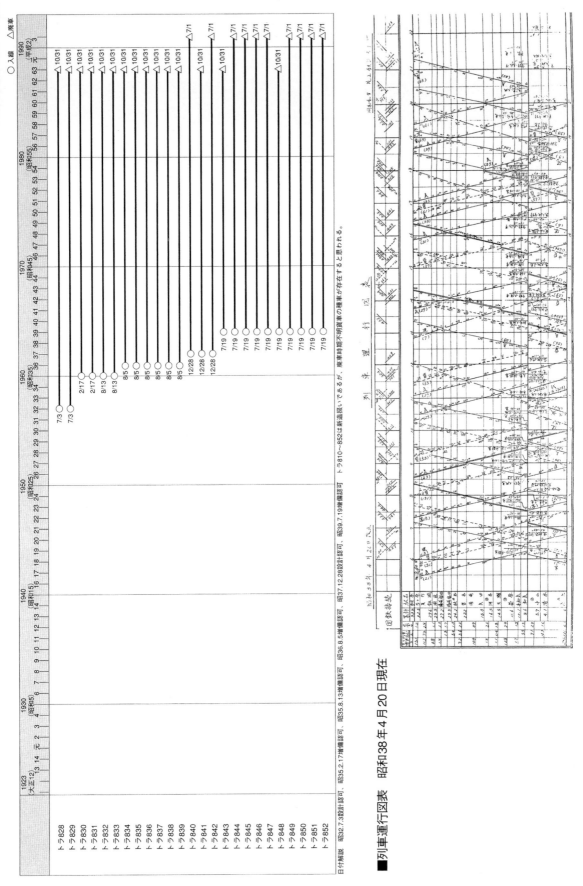

■列車運行図表　昭和38年4月20日現在

初秋の桐原駅。DD13-551によって硫化鉄の積み込みを終えたトム500・トラ800形の組成作業が進む。1987.9.23 桐原 P：山下修司

「柵原ふれあい鉱山公園」の一部として整備された吉ヶ原駅跡（手前が柵原方）。構内には多くの車輌が保存されており、特定日には片上鉄道保存会による展示運転も行われ、片上鉄道のありし日の姿を偲ぶことができる。

2009.1.1　P：寺田裕一

今日の片上鉄道廃線跡

1、廃線から今日まで

　片上鉄道廃線と同時に備前バスが片上〜柵原病院前間のバス運行を開始した。

　備前バスは日生運輸の経営で、日生運輸は1961（昭和36）年に耐火煉瓦輸送の貨物運送事業者として設立された。その後、港湾荷役業、倉庫業などを行うようになり、1972（昭和47）年7月に片上鉄道の自動車部門を譲り受けていた。自動車部門は、1956（昭和31）年5月から1969（昭和44）年12月までは貸切観光バスの営業を行っていたが、日生運輸引き継ぎ時は路線バスのみの営業であった。日生運輸にバス事業を譲渡して以降も片上鉄道との連携は密で、片上〜和気間の旅客列車が運転されない昼間と夜間時間帯の列車代行的な運転を行った。マイクロバスのような小型車体で、何度か利用した覚えがある。

　備前バスが和気以北を走るようになったのは鉄道廃止日からであった。沿線の人口が希薄であることから路線の維持が心配され、予想通りというか運行本数は鉄道時代よりも大幅に減っている。代替路線である通称「片鉄備前バス」は平日5往復・土曜2往復で、2007（平成19）年4月1日以降、日祝日は全便運休となっている。

　片上鉄道廃線跡を最初に訪れたのは廃止から8年後の1999（平成11）年5月30日であった。鉄道廃止後1993（平成5）年3月28日から歩道として利用されていた第二吉井川橋梁は、前年10月17・18日の台風10号被害で橋脚とガーダーの一部が流されて無残な姿をさらしていた。サイクリングロードの建設は始まっていたが、まだまだ路盤やホームが現役時代のままに近かった。

　次いでその8年後の2007（平成19）年1月1日と14日に訪れると様相が一変していた。サイクリングロードが2003（平成15）年11月24日に完成していて、第二吉井川橋梁は鉄道時代の橋を使用することなく新橋（飯岡橋）に架け替えられていた。また、平成の大合併で佐伯町は和気町と合併、吉井町は合併で赤磐市となり、柵原町も合併で美咲町となり、馴染みの地名が消えていた。

　最新の状況が知りたくなり、2009（平成21）年1月1・2日に再訪した。1月1日夜は、柵原駅跡から北に4kmほどの位置にある、廃校小学校を宿泊施設に改造した南和気荘に宿泊し（片上鉄道保存会の皆様も常宿として利用されているとか）、そこの管理人さんは元柵原鉱山勤務者で、鉱山華やかなりし頃のお話をお聞きすることができた。

2、片上鉄道廃止後の車輌の動向

　片上鉄道廃止時点では、柵原町が購入するキハ702＋キハ303とＤＤ13‐551＋ホハフ2003＋2004＋3002が吉ヶ原－柵原間の柵原流出防止線と本線に留置、ワム1800形8輌の廃車体は吉ヶ原駅構内、その他の在籍車輌と車籍の切れた無蓋貨車は片上駅構内に留置された。

　廃止から10か月が経過した1992（平成4）年4月から6月までに旧片上駅構内のホハフ2002・トキ15003・トキ842・844・845・847・849～851が解体された。同じ年の7月にはキハ801の備前市への譲渡が決まり備前市浄化センターへ搬出。1993（平成5）年2月26日には佐伯町に譲渡されたホハフ3001が佐伯町役場横に搬出された（同年5月27日にふるさと列車青年館となったが、2005年3月解体）。

　片上鉄道保存会は1992（平成4）年11月1日の設立で、吉ヶ原駅跡での旧片上鉄道車輌の動態保存を計画し、1995（平成7）年9月28日にキハ312の譲り受けを決定。10月17日にキハ312・ワフ102・トム519、トラ814・840を片上から吉ヶ原に移設、片上駅に残ったキハ802・トキ15007・トラ846・852は10月末までに解体。残ったＤＤ13‐552＋ワム1805・1807は1997（平成9）年5月に整備された。旧吉ヶ原駅構内で肥料倉庫として使用されていた旧ワム1800形8輌は1997（平成9）年に入って撤去。そして1997（平成9）年10月8日には柵原流出防止線に保管されていた車輌が吉ヶ原へ自走回送された。これに先立ち、その2週間前の9月23日にＤＤ13‐551が試験のため柵原駅まで3往復自走し、当日は客車、気動車の順で推進回送を行った。

　柵原ふれあい鉱山公園の起工式は1998（平成10）年1月16日、開園は11月15日、第1回目の保存車輌の運転は12月13日であった。

3、片上鉄道廃線跡の現在

■片上～和気間

　片上駅舎は廃止後もバス待合室として利用されていたが1997（平成9）年5月に解体され、機関区跡には1997（平成9）年6月に家電量販店のデオデオ備前店が建った。2000（平成12）年7月、南隣に大型スーパーのマックスバリュ備前店が開店し、駅舎跡はその駐車場入り口付近に姿を変えている。ヤード跡の大半は更地となっていて、その広大さがかつての栄華を語る。南端付近にＤＤ13‐552とワム1805・1807が留置されているが、損傷が進む。

　備前郵便局の裏手で流川を渡った地点は両岸の橋台が残り、道床が更地となった区間を経て舗装道（一部箇所は自転車・歩行者専用）となってＪＲ赤穂線、国道

旧片上―清水間の自転車道。峠隧道へのアプローチ部分、片上方を望む。　　　　　　　　　　　　　　2009.1.1　P：寺田裕一

峠隧道清水方坑口。　　　　　　　　　　　　2009.1.1　P：寺田裕一

250号を潜る。備前高校の脇には遠方信号機の支柱が残り、山陽新幹線を潜った先から、2003（平成15）年11月24日開通の自転車道「片鉄ロマン街道」に姿を変える。この自転車道は、キロポスト・信号機・ホームを残して整備されていて、数々の遺構に出会える。勾配を登り続けたかつての難所は線路跡を忠実にトレースし、峠隧道は坑口の脇に「峠清水トンネル」のプレートが掲げられている。

　清水駅跡は旧上りホームの一部と駅名標が残るが、駅舎のあった下りホームは姿を留めていない。中山停留場跡のホームは廃止後早い時期に撤去され、やや広い空地が位置を教えてくれる。宿瀬川橋梁は橋台・橋脚・ガーダーが転用されていて、その先で一般道に呑み込まれたのち国道374号（旧県道）の側道となって山陽自動車道を潜る。2007（平成19）年訪問時に工事中であった初瀬川橋梁は撤去され、和気に近付くと線路跡は一般道となる。

■和気～備前福田間

　和気駅の片上鉄道跡は1995（平成7）年11月末にホーム駅務室跡が解体され、更地となった後に駅裏ロータリーに変わった。島式ホームの大部分は撤去されているが、柵原方に切り込まれた気動車発着線の端だけが残されている。勾配を登りつめて山陽本線と金剛川を渡っていた地点は、鉄道時代の資材を生かして整備

天瀬駅旧上りホーム（左が片上方）。　　　2009.1.1　P：寺田裕一

第一吉井川橋梁へのアプローチ部分（片上方を望む）。P：寺田裕一

された。平地になって進んだ先、北川病院の隣が**本和気駅**跡で、駅名標はその手前に位置する。和気町の公共施設である「和気ドーム」の西に腕木式信号機、少し離れて益原駅の駅名標が立つが、実際の**益原停留場**はさらに北、日笠県道の手前であった。

　益原発車後しばらくして吉井川左岸の渓谷に差し掛かり、国道より一段と高く進んでいたが、自転車道も、忠実にトレースしている。龍徳谷橋梁跡の橋脚は鉄道時代のものを転用しているが、ガーダーは無い。**天瀬駅跡**は、千鳥状の配置であった相対式ホームが往時のまま姿をとどめ、上りホームに建っていた駅舎が整備され、片上方と柵原方の場内信号機も残っている。

　天神山No.1とNo.2隧道は往時のままに近く、**河本停留場**跡は痕跡が消え、国道が乗り越していた地点付近で、自転車道は国道と平面交差して吉井川の岸に移る。吉井川の陸閘は往時のままで、やがて平地が開けてくると**備前矢田駅**跡となる。上りホームと駅名標が残るが、下りホームと下りホーム側に位置した駅舎は姿を消している。下り出発信号機はホームからかなり離れた地点に位置し、長大貨物列車の行き違いに備えて有効長が長かったことを今に伝える。その先で国道とクロスし、再び山側に移ると、国道よりかなり高い地点を進む。日本弁柄の工場は今日も盛業中で、ほとんど民家のない険しい地形を進む。

　苦木駅の晩年は停留場であったが、旧上りホームは撤去されていなかったことから、千鳥式であった上り・下りホーム、上りホーム片上方の保線小屋が残り、下りホーム上に位置した駅舎が整備されている。その先は無人の渓谷を国道より高い地点を進み、国道と自転車道のレベルが合った地点が**杖谷停留場**跡。1999（平成11）年に和気・赤磐共同コンポストセンターが建ち、痕跡は消えた。停留場跡より少し柵原方に駅名を記した石碑が立つ。

　その先も自転車道は続き、**備前塩田駅**の場内信号機の支柱の手前で線路跡から離れる。備前塩田駅跡は、1997（平成9）年訪問時はホームが残っていたが、2007（平成19）年訪問時には広大な空き地に変わっていた。ゲートボール場とコミニテイーセンター、駅舎跡付近の入口には踏切警報機流用した駅跡表示が立つ。その柵原方は道床跡が原形を留める。

■備前塩田〜美作飯岡間

　吉井川に向かって上っていた築堤、そして橋台、橋脚3本が姿をとどめ、第一吉井川橋梁は早い時期に撤去され、橋脚の基礎部分のみが一部残る。

　自転車道は線路跡から大きく離れて国道脇となり、備作大橋の手前、吉井おおまち休憩所付近に備前福田駅の駅名標が立つが、備前福田駅跡とは場所が異なる。第一吉井川橋梁対岸は、築堤部分が削られ細い舗装道となり、**備前福田駅**跡は空地が位置を教えてくれる。滝山川橋梁跡は痕跡がなく、線路跡の舗装道も途絶える。滝山川対岸から伸びる舗装道は周匝駅跡へと続く。

　周匝駅跡は貨物側線の脇に位置した製材所が今日も盛業中で、駅前写真館も健在。ホーム跡といった明確な遺構はないが、広大な空間にしろ駅跡の雰囲気は漂う。その先は舗装道路となり、国道を横断し、第二吉井川橋梁跡の手前まで続く。

　第二吉井川橋梁は、1998（平成10）年の台風10号被害後に鉄道時代の橋脚・ガーダーは撤去され、鉄道時代の資材を使用することなく、新橋（飯岡橋）が架けられた。新橋の位置は鉄道時代を踏襲している。

　新橋を渡り終えた先が**美作飯岡駅**跡で、この駅跡は吉ヶ原を別とすると、最も痕跡が残る。駅本屋から続いていた下りホームは、駅舎が撤去されただけで、コンクリート製の上りホームは往時のままに近い。

■美作飯岡〜柵原

　美作飯岡駅跡から先の道床跡は未舗装のままで県道踏切跡に続く。踏切跡を越えてからは道床跡に小屋が建ったり、道床跡が線路を剥がしたままに近い姿で残

美作飯岡駅跡（柵原方を望む）。上下のホームが残る。
2009.1.1　P：寺田裕一

っていたりを繰り返し、第一飯岡架道橋片上方の橋台
が残り、そこで途絶える。その先の築堤跡は崩されて
墓地となり、第二飯岡架道橋の痕跡はない。線路跡は
やがて県道の歩道に呑み込まれ、吉ヶ原構内手前で分
岐する。

　吉ヶ原駅跡は1998（平成10）年11月15日に柵原ふれ
あい鉱山公園となった。三角屋根の駅舎は1996（平成8）
年12月に改修され、2006（平成18）年3月2日に文化庁
指定登録有形文化財となった。訪問した日には構内片
上方にキハ702と303、トム519・トラ840・ワフ102、旧
3番線にホハフ3002＋2003＋2004＋DD13-551、旧1番線
の切り込み部分にトラ814とキハ312が留め置かれてい
て、現役当時さながらの光景が広がっている。

　この構内では、1992（平成4）年11月1日設立の片上鉄
道保存会によって、保存車輌の保守・管理、軌道・保
安設備の整備などが行われている。現在は美咲町より
委託を受け、原則として第1日曜日に定期的な展示運転
を実施している。展示車輌のうちトム519・トラ840・
ワフ102以外の8輌は動態保存車で、献身的な活動には
頭が下がる。また、駅長猫のコトラも話題を集めてい
る。

　また、公園内には川舟や鉱山内で使用されていた鉱
山用電気機関車が屋外展示され、鉱山資料館が建つ。

　吉ヶ原駅跡から先しばらくはレールが残り、吉ヶ原

柵原駅跡に残る出発信号機。　　　　　　2009.1.1　P：寺田裕一

7号踏切の先で、町営施設に阻まれて線路跡は途切れ
る。その先で再び道床跡が現れ、柵原流出防止線跡が
確認でき、柵原病院前バス停付近の柵原架道橋は両側
の橋台が残る。**柵原駅**構内は、産業廃棄物処理事業を
行うエコワークス山陽（旧同和鉱業岡山クリーンワー
クス）の拠点に変わっているが、出発信号機が姿を留
め、ホーム跡も残る。駅舎は2004（平成16）年2月頃
に解体された。

■その他の保存車輌

　備前市久々井生崎の備前市浄化センター敷地内にキ
ハ801が保存されているが、青いシートで覆われている
だけで、ほどけて顔を見せた妻面を見る限り、相当腐
食が激しい。

　国道484号菊ヶ峠ドライブイン脇に保存中のキハ311
は、屋外展示にも関わらず状態は悪くない。

柵原駅跡（手前が片上方）。かつて巨大なホッパーと無蓋車が並ん
だ構内も、今は産業廃棄物の処理拠点となっている。
2009.1.1　P：寺田裕一

備前福田付近から国道484号を西に進んだ菊ヶ峠のドライブインに
保存されているキハ311。　　　　　　　2009.1.1　P：寺田裕一

あとがき

同和鉱業片上鉄道は、初めて紀行文を印刷物にした思い出深い鉄道である。印刷物と言っても、中学2年生が蝋原紙に鉄筆で文字を刻んでガリ版で刷り、数枚の写真を張り付けた拙いものであるが、当時は真剣であったことを記憶している。

最初の訪問1973（昭和47）年6月10日から営業最終日1991（平成3）年6月30日まで現役時代の付き合いは18年間、廃線後18年が経過し、今までに経験したことを後世に残そうと本書を企画した。

本書の出版を快くお引き受けいただいたネコ・パブリッシングの名取紀之編集長並びに関係各位に感謝を申し上げるとともに、従来のRM LIBRARYからすると、より私的な関わりやエモーショナルな部分の比重が高くなっていることについてお許しを頂きたく巻末に記させていただく。また、藤井信夫氏からは1970（昭和45）年当時在籍の無蓋貨車の竣功図表の提供を受けた。これが複雑な無蓋貨車の改番の実態解明に大いに役立った。誌面をお借りして御礼申し上げます。

また、さらなる車輌の解明をと思い、中国運輸局に閲覧を申し出たが、車輌届出の保存期間は30年とのことで、叶わなかった。

なお、私にとって本シリーズ第1作の尾小屋鉄道と第2作の片上鉄道の共通点は、大正時代に開業し、鉱石輸送に関わりがあった非電化鉄道であったことのほか、最晩年に在籍していた車輌の多くが今なお動態保存されていることが挙げられる。関係各位のご苦労には敬服し感謝申し上げるとともに、その功績には素直に喜びの意を表したい。

寺田裕一

●参考文献
「同和鉱業片上鉄道」藤井信夫（『鉄道ピクトリアル』270・271号所収／1972年　電気車研究会刊）
『レイルNo.30　瀬戸の駅から(上)』湯口　徹（1992年　プレス・アイゼンバーン刊）
『内燃動車発達史（上・下）』湯口　徹（2005年　ネコ・パブリッシング刊）
『RM LIBRARY1・2　キハ41000とその一族(上・下)』岡田誠一（1999年　ネコ・パブリッシング刊）
『RM LIBRARY35・36　キハ07ものがたり(上・下)』岡田誠一（2002年　ネコ・パブリッシング刊）
『鉄道統計年報』『地方鉄道軌道統計年報』『私鉄統計年報』『民鉄統計年報』『私鉄要覧』各年度
国立公文書館所蔵物

●参考webページ
思い出の片上鉄道
片上鉄道保存会
福田孝行の貨車ホームページ

吉井川が大きく蛇行する景勝地を行くキハ300形。最晩年は川沿いにバイパスが建設され、景観が変わった。
1980.11.3　杖谷一備前塩田　P：寺田裕一